# DOCTRINA, JUICIO Y ORDEN MORAL

*Doctrina del mal, la corrupción, el juicio y el orden del Pacto*

MBRS Libro 2 — Formación a Nivel Licenciatura

**Texto Oficial del Estudiante**

DR. YERAL E. OGANDO

# *DOCTRINA, JUICIO Y ORDEN MORAL*

***Doctrina del mal, la corrupción, el juicio y el orden del Pacto***

***MBRS Libro 2 — Formación a Nivel Licenciatura***

By

Dr. Yeral E. Ogando

Por:
Dr. Yeral E. Ogando
Redactado y publicado por:
Dr. Yeral E. Ogando
Adoptado para uso de Enseñanza por:
Yahuah Institute of Biblical Restoration, Inc. www.yahuahinstitute.org

Como el texto base para:
El Programa Master of Biblical Restoration Studies (MBRS)

Las citas de las Escrituras se toman exclusivamente de Dabar Yahuah Escrituras Yahuah – www.yahuahbible.com/es.
Este libro de texto es producido para propósitos académicos, de Enseñanzas y de formación teológica dentro del programa MBRS y cursos afiliados.
"Todos los textos de Enseñanzas utilizados por el Programa MBRS son redactados y publicados de manera independiente por el Dr. Yeral E. Ogando. El Instituto adopta estos textos únicamente para propósitos de Enseñanzas y no los posee, publica ni recibe ingresos de ellos."

ISBN: 978-1-946249-53-1

## *AUTORIZACIÓN Y DECLARACIÓN INSTITUCIONAL*

Este libro de texto, FUNDAMENTOS DE RESTAURACIÓN BÍBLICA (Foundations of Biblical Restoration), es redactado y publicado por el Dr. Yeral E. Ogando y es adoptado y aprobado para uso de Enseñanza por Yahuah Institute of Biblical Restoration, Inc. como el texto de Enseñanza central para el programa Master of Biblical Restoration Studies (MBRS).

Todas las posiciones doctrinales, Terminología, estructuras de Enseñanzas y estándares evaluativos contenidos dentro de este volumen están gobernados exclusivamente por Dabar Yahuah - Escrituras Yahuah tal como se preservan en las Escrituras reconocidas por el Instituto: los escritos inspirados del Tanakh (Antiguo Testamento), los Apokryfos preservados, y los escritos del pacto Renovado (Nuevo Testamento).

Este texto opera dentro de un marco canónico y teológico cerrado para el ciclo académico en el cual es emitido. Ningún sistema denominacional externo, metodologías filosóficas, Yada Yahuah (teología) especulativa, o tradiciones institucionales están permitidos para gobernar la interpretación, instrucción o evaluación dentro del programa MBRS.

Esta Edición del Estudiante está autorizada para uso de Enseñanza únicamente dentro del programa MBRS.



## *PREFACIO Y DECLARACIÓN DE PROPÓSITO*

FUNDAMENTOS DE RESTAURACIÓN BÍBLICA (Foundations of Biblical Restoration) existe porque las Escrituras mismas demandan restauración.

Este libro de texto no fue escrito para defender sistemas denominacionales, preservar teología heredada, o armonizar marcos filosóficos con las Escrituras. Fue escrito para permitir que Dabar Yahuah gobierne como Yada Yahuah (teología) sin conflicto.

La teología moderna a menudo comienza con suposiciones y busca en las

Escrituras apoyo. La Yada Yahuah (teología) de Restauración invierte ese orden. Las Escrituras establecen autoridad, definen categorías, diagnostican corrupción, y revelan restauración conforme a la intención divina en lugar de la tradición humana.

Este libro sirve como el texto de Enseñanza único e integrado para el Master of Biblical Restoration Studies (MBRS). Guía al estudiante desde el Testimonio de las Escrituras a través de, Yahuah: Guia de Restauración, El Origen del Mal: Verdades Bíblicas Escondidas a Plena Vista, Las Tres Humanidades™: La División de la Humanidad en el Plan de Yahuah - Volumen 1, y Las Tres Humanidades™: La Restauración de la Primera Humanidad en el Plan de Yahuah - Volumen 2— culminando en una tesis independiente.

Declaración de Propósito

**El propósito de este libro de texto es:**

- Establecer las Escrituras como la única autoridad gobernante
- Restaurar categorías bíblicas oscurecidas por la tradición y la traducción
- Definir el mal sin atribuir corrupción a Yahuah
- Explicar a la humanidad a través del marco de las Tres Humanidades™
- Presentar la restauración como transformación, no reparación
- Preparar a los estudiantes para defender la Restauración Yada Yahuah (teología) de manera independiente y precisa

Este texto no es devocional. No es especulativo. Es de Enseñanza, correctivo y autoritativo.

## *RESULTADOS DEL APRENDIZAJE DEL PROGRAMA*

Master of Biblical Restoration Studies (MBRS)

Al completar exitosamente el programa MBRS, el estudiante podrá:

- Demostrar Razonamiento del pacto a través de todo el cuerpo de las Escrituras, integrando los escritos del Tanakh (Antiguo Testamento), Apokryfos, y los escritos del pacto Renovado (Nuevo Testamento) sin contradicción.

- Explicar la autoridad de las Escrituras como de origen divino, delimitada canónicamente y preservada en el pacto.
- Definir el mal, la corrupción, el juicio y la restauración usando únicamente categorías de las Escrituras, sin depender de marcos filosóficos o denominacionales.
- Articular el marco de las Tres Humanidades™ (Primera, Segunda, Tercera Humanidades y la Variante) usando antropología gobernada por las Escrituras y Yada Yahuah (teología) del linaje.
- Hacer la diferencia entre pecado, corrupción y alteración Creacional, explicando por qué la restauración requiere transformación en lugar de reparación moral.
- Aplicar disciplina del lenguaje del pacto responsablemente, demostrando cómo las palabras gobiernan la doctrina y previenen distorsión teológica.
- Defender la Restauración Yada Yahuah (teología) desde la creación hasta la consumación como un sistema unificado y consistente con las Escrituras.
- Producir y defender una tesis a nivel de maestría fundamentada exclusivamente en las Escrituras, demostrando claridad doctrinal, consistencia canónica e integridad metodológica.

## *CÓMO USAR ESTE LIBRO DE TEXTO*

Este libro de texto está diseñado para uso estructurado y en orden cronológico dentro del programa MBRS.

- Responsabilidades del Estudiante
- Leer todas las Escrituras asignadas antes de interactuar con comentarios o explicaciones.
- Seguir el progreso de semanas y meses sin omitir secciones.
- Usar únicamente fuentes De las Escrituras aprobadas por el Instituto al completar asignaciones.
- Adherirse estrictamente a plantillas bloqueadas, indicaciones y criterios de evaluación.
- Demostrar dominio mediante claridad, uso de las Escrituras y razonamiento disciplinado.

**Estructura De Enseñanza**

- Cada Término se construye sobre autoridad y doctrina previas.
- Cada Mes introduce metas de Enseñanzas definidas.
- Cada Semana se enfoca en conceptos de las Escrituras específicos.
- Las evaluaciones miden integración y razonamiento, no memorización.

Este texto no está diseñado para lectura casual.

Está diseñado para formación, corrección y calificación.

Los estudiantes que intenten eludir la estructura, introducir sistemas externos o depender de la especulación no avanzarán.

## *DECLARACIÓN DE INTEGRIDAD ACADÉMICA Y DE LAS ESCRITURAS*

- La inscripción en el programa MBRS constituye acuerdo con los siguientes estándares:
- Las Escrituras gobiernan todas las conclusiones.
- Dabar Yahuah es la autoridad más alta.
- Ningún sistema denominacional, filosófico o especulativo puede anular las Escrituras.
- Todo trabajo debe ser original, veraz y citado con precisión.
- El plagio, la innovación doctrinal o la tergiversación de las Escrituras resulta en descalificación.
- El avance es evaluativo, no automático.

Este programa valora la claridad sobre la creatividad, la sumisión sobre la especulación y la verdad sobre la tradición.

La meta no es afirmación, sino formación.

# *RECURSOS DEL TEXTO AUTORIZADOS Y ACCESO*

Los textos de Enseñanzas y recursos de las Escrituras usados dentro del programa Master of Biblical Restoration Studies (MBRS) se ponen a disposición a través de plataformas designadas.

Los textos de referencia primarios y materiales de apoyo redactados por el Dr. Yeral E. Ogando están abiertamente accesibles en www.yahuahdabar.com. Estos materiales pueden ser leídos en línea por cualquier visitante. El registro permite a los usuarios descargar versiones PDF de los textos bases. Estos materiales están disponibles públicamente y no están restringidos a estudiantes inscritos. Dabar Yahuah - Escrituras Yahuah, incluyendo los escritos del Tanakh (Antiguo Testamento), Apokryfos y los escritos del pacto Renovado (Nuevo Testamento), están abiertamente accesibles para lectura en línea en www.yahuahbible.com/es. Estos textos se proporcionan como la base de las Escrituras autorizada para el programa MBRS y están disponibles para todos los lectores.

Para el estudio de las Escrituras y la consulta a nivel de término, se instruye a los estudiantes a usar la Aplicación Dabar Yahuah Scriptures, incluyendo sus herramientas de la Concordancia Strong para referencia hebrea y griega. Esta herramienta se utiliza para confirmar formas de palabras, significados y uso de las Escrituras en alineación con el marco de Enseñanza del Instituto.
Los libros de texto de la Edición del Estudiante, sin embargo, no se distribuyen públicamente a través de estos sitios web. Los libros de texto del estudiante se proporcionan a través de la plataforma de Enseñanza del Instituto o canales autorizados de distribución de cursos, con la excepción de la edición impresa de Amazon.

Estas distinciones de acceso son intencionales y forman parte del marco de Enseñanza y evaluativo del Instituto.

# *DE TEOLOGIA A YĀDAʿ YAHUAH*

Por qué Yahuah Institute of Biblical Restoration, Inc. Rechaza el término "Teología" y Restaura el Conocimiento Bíblico

## INTRODUCCIÓN

Yahuah Institute of Biblical Restoration, Inc. está comprometido con restaurar la verdad bíblica a su marco del pacto original. Este compromiso requiere no solo la restauración de doctrina, sino también la restauración de lenguaje, método y autoridad.

Una de las restauraciones más fundamentales que hacemos es el rechazo deliberado del término "teología" y su reemplazo con el concepto bíblico de Yādaʿ Yahuah.

Esta decisión no es estilística, cultural ni reaccionaria.

Es lingüística, bíblica y doctrinalmente necesaria.

El Origen del Término "Teología"

**La palabra teología en español se deriva del término griego θεολογία** (theologia), formado de:

- θεός (theos) — dios
- λογία (logia / logos) — discurso, razonamiento, investigación filosófica

Históricamente, teología significaba "discurso razonado acerca de los dioses".

Se originó en el pensamiento filosófico griego, no en las Escrituras.

Este término fue impuesto posteriormente sobre los estudios bíblicos durante los períodos helenístico y post - Constantino, cuando categorías filosóficas griegas fueron usadas para sistematizar los textos bíblicos.

Los autores bíblicos nunca usaron este término.

Nunca describieron sus escritos, enseñanzas o revelaciones como "teología".

Por qué "Teología" Es Incompatible con las Escrituras

**El concepto de teología asume:**

- que Alôhîym (Dios) es un objeto de análisis,
- que la verdad se alcanza mediante razonamiento intelectual,
- y que los humanos definen conocimiento acerca de Alôhîym (Dios).

**Las Escrituras presentan el orden opuesto:**

- Yahuah revela,
- la humanidad recibe,
- el conocimiento fluye de la obediencia y la relación del pacto.

Los sistemas teológicos frecuentemente colocan la razón humana como la autoridad organizadora sobre la revelación.

La Escritura coloca la revelación por encima de la razón humana.

Por esta razón, teología no es un término neutral — es un marco filosófico extranjero impuesto sobre la revelación bíblica.

**El hebreo No Piensa en Categorías de "-logia"**

El pensamiento bíblico hebreo no comienza con sustantivos abstractos ni sistemas especulativos.

Comienza con verbos, acción y relación.

**El pensamiento griego es:**

- Abstracto
- Analítico
- especulativo

**El pensamiento hebreo es:**

- por relación
- del pacto
- revelado
- vivido y obedecido

Por lo tanto, la pregunta no es: "¿Cuál es la palabra hebrea para teología?"

La pregunta correcta es: "¿Cómo definen las Escrituras el conocer a Yahuah?"

## *LA RAÍZ BÍBLICA: יָדַע (YĀDAʿ)*

El término bíblico fundamental es el verbo hebreo יָדַע (Yādaʿ).
Yādaʿ significa:

- conocer en relación
- conocer por experiencia
- conocer en el pacto
- conocer a través de la obediencia y el encuentro

Esto no es conocimiento teórico.

Ejemplos de las Escrituras:

- Berēšhīṯh 4:1 — "Adam conoció a Eva"
- Šhemōṯh 33:12 — "Te he conocido por tu nombre"
- Yirmeyâhû 31:34 — "Todos me conocerán"

En cada caso, conocer es por relación y experiencia, no información.

## *DAʿAT (דַּעַת) DEPENDE DE YĀDAʿ*

El sustantivo דַּעַת (Daʿat) — "conocimiento" — se deriva de Yādaʿ.
Esto significa:

- Daʿat es el resultado de conocer,
- no la fuente de conocer.

Cuando Daʿat se separa de Yādaʿ, el conocimiento se vuelve abstracto y distorsionado — exactamente lo que ocurre en los sistemas teológicos.
Las Escrituras nunca tratan el conocimiento como una posesión intelectual independiente.
El conocimiento siempre es el fruto de la relación del pacto.

## *EL MARCO BÍBLICO RESTAURADO: YĀDAʿ YAHUAH*

Por esta razón, el Instituto restaura la categoría bíblica:
יָדַע יְהוָה — Yādaʿ Yahuah
"Conocer a Yahuah por revelación del pacto y obediencia."

Definición Formal:
Yādaʿ Yahuah es el acto del pacto de conocer a Yahuah a través de Su autorrevelación, instrucción y obediencia vivida. No es razonamiento especulativo acerca de Alôhîym (Dios), sino conocer por relación fundamentado en fidelidad, encuentro y sumisión a Su Palabra.
Daʿat Yahuah (el conocimiento de Yahuah) es el resultado de Yādaʿ, no su sustituto.
Implicaciones para la Educación y los Grados
Debido a esta restauración:

- No enseñamos teología
- Restauramos el conocimiento del pacto basado en Yādaʿ
- Nuestros programas forman siervos, no analistas
- Nuestros grados representan responsabilidad del pacto y rendición de cuentas, no meramente estatus intelectual

El Instituto rechaza la filosofía abstracta griega a favor de la revelación bíblica.

## *CONCLUSIÓN*

La restauración de la verdad requiere la restauración del lenguaje.
Teología no es una categoría bíblica.
Yādaʿ Yahuah lo es.

Al restaurar Yādaʿ Yahuah, el Instituto se alinea con:

- la autoridad de las Escrituras,
- el conocer del pacto,
- y la visión bíblica original.

Esta restauración no es opcional. Es fundamental.

### DECLARACIÓN OFICIAL

"No razonamos acerca de Yahuah; lo conocemos como Él se revela."

# *Tabla de Contenido*

## *CUATRIMESTRE II — DOCTRINA, JUICIO Y ORDEN MORAL*

# ETAPA II DEL PROGRAMA A NIVEL DE MAESTRÍA (ECLESIÁSTICO)

Formación a Nivel de Licenciatura · Meses 5–8

Orientación Académica — Cuatrimestre II · Mes 1
El Cuatrimestre II marca la transición formal al estudio de Yada Yahuah nivel de Licenciatura dentro del programa al nivel de Maestría del Yahuah Institute of Biblical Restoration, Inc. Esta etapa asume la finalización exitosa de todo el trabajo académico del Cuatrimestre I (Fundamentos a Nivel Técnico Superior) y el dominio demostrado del Testimonio de las Escrituras, la preservación, la continuidad del pacto y la metodología restaurada de Yadaʿ Yahuah.
En este nivel, se espera que los estudiantes razonen desde las Escrituras con mayor precisión analítica, disciplina en la terminología y coherencia del pacto. La flexibilidad interpretación se reduce. Las suposiciones sin respaldo, los marcos heredados de Yada Yahuah y las abstracciones especulativas ya no son toleradas.

El Mes 1 establece límites doctrinales no negociables que gobiernan todo el estudio posterior del mal, la corrupción, el juicio, la redención y la restauración. Estos límites se derivan de la Escritura misma y deben aplicarse de manera consistente a lo largo del Cuatrimestre II.
Los estudiantes deben demostrar la capacidad de desistir las suposiciones heredadas de Yada Yahuah y permitir que la Escritura defina sus propias categorías, agentes y distinciones morales.

Se espera que los estudiantes:

- Preserven el carácter de Yahuah como moralmente puro y sin corrupción
- Hagan la diferencia entre las definiciones de consecuencia, y el juicio moral de mal

- Rastreen la causalidad usando lógica de las Escrituras en lugar de filosofía abstracta
- Manejen el lenguaje, la traducción y los agentes con cuidado disciplinado

El no dominar el Mes 1 comprometerá todo razonamiento doctrinal posterior en el Cuatrimestre II y requerirá repetición antes del avance.

## CUATRIMESTRE II · MES 1

DESCRIPCIÓN GENERAL DEL MÓDULO

Definiendo el Mal Por las Escrituras Solamente

(El Origen del Mal: Verdades Bíblicas Escondidas a Plena Vista — Capítulos 1–4)

Este módulo inicia el Cuatrimestre II, el cual está dedicado completamente al estudio del Origen del Mal usando la Escritura como la única autoridad. El Mes 1 establece las definiciones fundamentales sin las cuales toda discusión posterior se distorsiona.

Este mes enseña a los estudiantes cómo la Escritura misma define el mal, lo qué no es el mal, y por qué el mal no puede ser atribuido a Yahuah. Los estudiantes aprenderán a abandonar suposiciones filosóficas, narrativas culturales y tradiciones heredadas de Yada Yahuah, y en su lugar permitirán que las Escrituras definan sus propias categorías.

## AL FINAL DE ESTE MES, EL ESTUDIANTE COMPRENDERÁ QUE:

- El mal no es fue por Yahuah
- El mal no es sinónimo de juicio
- El mal no es un oponente del bien necesariamente
- El mal surge a través de rebelión y corrupción
- La traducción y el lenguaje a menudo nublan la claridad de las Escrituras

Este mes establece el fundamento no negociable para toda discusión futura sobre el pecado, la corrupción, el juicio, la redención y la restauración.

Continuidad Metodológica — Definición de las Escrituras y la Preservación del Carácter Divino

Este módulo continúa la metodología restaurada, centrada en las Escrituras, establecida en el Cuatrimestre I y fortalecida para el rigor a nivel de Licenciatura.

## TODO EL MATERIAL DEL MES 1 SE RIGE POR LOS SIGUIENTES PRINCIPIOS:

- Las Escrituras Definen Sus Propias Categorías

El mal, el juicio, la corrupción y la capacidad de actuar deben definirse por el uso de las Escrituras, no por conceptos filosóficos o culturales.

- El Carácter de Yahuah es el Punto de Referencia Establecido

Cualquier conclusión de Yada Yahuah que comprometa la justicia, rectitud o pureza de Yahuah es rechazada como inválida.

- La Causalidad Debe Ser Rastreada, No Asumida

El mal debe seguirse desde su origen hasta su manifestación usando la lógica de las Escrituras, no especulación abstracta.

- El Lenguaje y la Traducción Requieren Disciplina

Los términos hebreos y griegos deben examinarse en contexto para prevenir conclusiones falsas de Yada Yahuah.

Estos principios gobiernan todas las lecturas, tareas de estudio y evaluaciones en el Cuatrimestre II · Mes 1.

## RESULTADOS DEL APRENDIZAJE DEL MÓDULO – CUATRIMESTRE II · MES 1

Al final del Cuatrimestre II · Mes 1, los estudiantes deben poder:

- Definir el mal exclusivamente usando categorías de las Escrituras
- Demostrar desde las Escrituras que el mal no se origina en Yahuah
- Hacer la diferencia entre el mal moral del juicio, calamidad y consecuencia
- Explicar la relación entre rebelión, corrupción y mal
- Aplicar la disciplina de lenguaje del pacto a pasajes comúnmente mal traducidos como si atribuyeran mal a Yahuah

- Preservar el carácter de Yahuah como el fundamento de todo razonamiento doctrinal

El dominio se demuestra mediante citas precisas de las Escrituras, la coherencia lógica y la preservación disciplinada de categorías.

## COBERTURA DE CAPÍTULOS

El Origen del Mal — Capítulos 1–4

- Capítulo 1 — Lo Que el Mal No Es
- Capítulo 2 — El Carácter de Yahuah
- Capítulo 3 — Pecado vs. Corrupción
- Capítulo 4 — Palabras para el Mal

*CUATRIMESTRE II· MES 1 — SEMANA 17*

# ORDEN ANTES DE LA CORRUPCIÓN

La Creación, Asignación y el Primer Engaño

## LOS RESULTADOS DEL APRENDIZAJE DE LA SEMANA 17

## ORDEN CREADO Y SECUENCIA HISTÓRICA

Al final de la Semana 17, los estudiantes deben poder rastrear la estructura de la creación tal como se presenta en las Escrituras y en los testigos del Segundo Templo, haciendo la diferencia entre seres eternos y mortales según la función asignada y no según valor. Los estudiantes deben poder explicar por qué los ángeles no procrean mientras la humanidad sí lo hace, identificar el engaño como el primer mecanismo histórico mediante el cual se introduce la desobediencia, y hacer la diferencia claramente entre el conocimiento del mal y la creación del mal. Finalmente, los estudiantes deben demostrar cómo la corrupción entra en la historia de manera progresiva y no instantánea, y articular cómo el orden divino preserva la rectitud de Yahuah sin defensa filosófica ni especulación.

## PROPÓSITO DE LA SEMANA 17

La Semana 17 establece el orden como el prerrequisito para entender la corrupción.

Antes de que la Escritura aborde la rebelión, violencia o juicio, primero revela cómo la creación fue estructurada, cómo se asignaron los roles y cómo se establecieron los límites. El mal no se introduce como un poder rival, una sustancia creada o un defecto interno dentro de la obra de Yahuah. En cambio, las Escrituras presentan el mal como una intrusión histórica que entra en una realidad ya ordenada por medio del engaño y la desobediencia.

El propósito de esta semana es metodológico. Los estudiantes son entrenados para leer las Escrituras en orden cronológico y jurídica, aprendiendo a identificar la asignación antes de la violación, la estructura antes del colapso y la función antes de la corrupción. Sin esta disciplina, discusiones posteriores sobre Vigilantes, hibridación, juicio y preservación colapsan inevitablemente en acusación contra Yahuah. La Semana 17, por lo tanto, salvaguarda la justicia divina al enseñar a los estudiantes a razonar desde el orden y no desde la emoción, tradición o la suposición filosófica.

## CUATRIMESTRE II • MES 1 • SEMANA 17 – LECTURA

Leer el Capítulo 1 de El Origen del Mal: Verdades Bíblicas Escondidas a Plena Vista

Los testigos de las Escrituras a continuación no se presentan para volver a narrar el capítulo, sino para entrenar a los estudiantes en cómo debe leerse el Capítulo 1.

## LA CREACIÓN DE TODOS LOS ESPÍRITUS – EL PRIMER DÍA

- Yôbêl (Jubileos) 2:2–3

Este pasaje establece la prioridad del ámbito invisible. Los estudiantes deben notar que la Escritura sitúa la creación de todos los espíritus—incluyendo seres angélicos y los espíritus de la humanidad—al inicio de la creación, antes de que el orden visible sea completado. Este orden es esencial: la historia se desarrolla desde un marco espiritual ya constituido.

- Chănôk (Enoc) 15:6–7

Estos versículos aclaran la asignación, no el valor. Los seres angélicos son descritos como eternos e inmortales y, por esa razón, no se les asignan esposas. Los estudiantes deben aprender a leer esto no como privación, sino como diseño: la eternidad excluye la procreación por definición.

- Yirmeyâhû (Yirmeyâhû) 1:5 y Tehīllīm (Tehīllīms) 139:13

Estos textos confirman que los espíritus humanos son conocidos, santificados y propuestos antes de la encarnación, mientras que la formación corporal ocurre después mediante la artesanía divina. El estudiante debe notar que las

Escrituras distinguen la identidad espiritual de la existencia corporal a lo largo del tiempo, sin confusión ni contradicción.
Tomados juntos, estos testigos establecen un principio fundamental para el Cuatrimestre II:
Todos los espíritus son creados por Yahuah, pero no todos los espíritus reciben la misma función, duración o modo de continuidad.

## CREACIÓN DE LA HUMANIDAD – EL SEXTO DÍA

- Yôbêl (Jubileos) 2:14–15

Los estudiantes deben observar la diferencia entre la creación de la humanidad y la secuencia por relación humana. El hombre es creado en el sexto día como el primer humano encarnado y se le asigna dominio. La mujer también es creada en el sexto día como plenamente humana, compartiendo la misma naturaleza y propósito.

- Su creación establece diferencia sexual y continuidad humana, no unión por relación inmediata. El encuentro, el pacto y la compañía ocurren más tarde dentro de una secuencia ordenada. Esta distinción es crucial para evitar confusiones acerca de Yada Yahuah y suposiciones modernas indebidas.

- Chănôk (Enoc) 15:5

La procreación se presenta como un don compensatorio otorgado a los seres mortales para que nada faltara sobre la Tierra. La mortalidad y la reproducción son inseparables dentro del orden divino. Los ángeles son eternos y, por lo tanto, no procrean; los humanos son mortales y, por lo tanto, procrean.
Los estudiantes deben aprender a leer la diferencia sin jerarquía. Función no es valor. Los ángeles sirven; la humanidad continúa la creación mediante linaje.

## EL PRIMER ENGAÑO EN EDÉN

- Chănôk (Enoc) 69:6

Este pasaje identifica a Gadreel como el agente que llevó a Chawwâh al extravío. El énfasis aquí no es biografía de carácter, sino la capacidad de actuar: el engaño entra en la historia a través de un ser actuante, no a través de Yahuah ni de la misma creación.

- Yôbêl (Jubileos) 3:17–19

El engaño se lleva a cabo por medio de sugerencia y no por fuerza. El Nâchâsh introduce duda, replantea la prohibición y minimiza la consecuencia. Los estudiantes deben observar que la desobediencia no es forzada; es escogida. Esta diferencia es fundamental: el engaño no crea el mal como sustancia. Introduce desobediencia, lo cual resulta en el conocimiento del mal. El mal se experimenta mediante transgresión, no es creado por Yahuah.

## CONSECUENCIA SIN CORRUPCIÓN DE LA CREACIÓN

- Berēšhīṯh 3:22–24

La expulsión del Edén demuestra el juicio temprano como restricción y no como destrucción. A la humanidad se le impide inmortalizar la desobediencia, pero la creación misma permanece intacta.

Los estudiantes deben notar que esta respuesta preserva el orden. El juicio en esta etapa funciona como contención, no como aniquilación, y no implica corrupción de la creación misma.

## EL PRIMER ASESINATO Y LA ESCALAMIENTO HISTÓRICA

- Berēšhīṯh 4:3–4 y Yôbêl (Jubileos) 4:2

El asesinato de Hebel por Qayin marca la primera instancia de violencia humana. Los estudiantes deben resistir la tentación de universalizar este evento. La Escritura lo presenta como escalamiento, no saturación. El mal aparece, pero la corrupción aún no se ha vuelto sistémica.

Esta diferencia prepara al estudiante para reconocer más adelante cuando las Escrituras señalan el paso de un pecado aislado a una corrupción total.
Un Mundo Sin Demonios ni Vigilantes Caídos
En esta etapa de la historia, la Escritura presenta un mundo en el cual los demonios aún no existen, los Vigilantes no han caído, los seres híbridos están ausentes y la corrupción no ha arropado la creación de manera sistémica. El mal existe como conocimiento y elección, no como una fuerza externa dominante. Esta observación es esencial para mantener la claridad cronológica y doctrinal en el Cuatrimestre II.

## LA PRIMERA INVOCACIÓN DEL NOMBRE DE YAHUAH

- Berēšhīṯh 4:26

La invocación del Nombre de Yahuah emerge gradualmente dentro del linaje de Sheth por medio de Enosh. La conciencia del pacto se desarrolla progresivamente y no aparece plenamente formada en la creación.
Los estudiantes deben notar que las Escrituras presentan consistentemente restauración, adoración y conocimiento del pacto como desarrollándose históricamente.

## EXPLICACIÓN DIDÁCTICA

La Semana 17 enseña a los estudiantes cómo leer las Escrituras desde el orden hacia el desorden, no al revés. El Capítulo 1 establece que todos los espíritus son creados por Yahuah, pero sus roles difieren según asignación. La eternidad es dada a los ángeles; la procreación es dada a la humanidad. El engaño entra en la historia a través de un agente angélico, no por autoría divina ni por la creación misma.
El conocimiento del mal surge por medio de la desobediencia, no por diseño.
La corrupción escala gradualmente—del engaño a la desobediencia, de la desobediencia a la expulsión y de la expulsión a la violencia—sin demonios, Vigilantes caídos ni seres híbridos en esta etapa.

Al preservar la secuencia y la asignación, las Escrituras salvaguardan la rectitud de Yahuah sin defensa filosófica. El mal es introducido, no creado. El desorden surge por rebelión, no por intención.

## ENFOQUE DE ALINEACIÓN – CAPÍTULO 1 (EL ORIGEN DEL MAL)

Del Capítulo 1, los estudiantes deben retener:

- El orden precede a la corrupción
- Todos los espíritus son creados, pero no asignados de manera igual
- Los ángeles son eternos y no procrean
- Los humanos son mortales y procrean
- El engaño es el primer punto de entrada de la desobediencia
- El conocimiento del mal no es la creación del mal
- La corrupción escala históricamente
- La conciencia del pacto se desarrolla progresivamente

## TÉRMINOS CLAVE Y DEFINICIONES (SEMANA 17)

- Orden: Estructura divina, asignación y límite establecidos en la creación.
- Eternidad: El estado asignado a los seres angélicos, excluyendo la procreación.
- Procreación: El don otorgado únicamente a la humanidad para preservar la vida en la mortalidad.
- Engaño: El mecanismo mediante el cual se introduce la desobediencia.
- Conocimiento del Mal: Conciencia obtenida por transgresión, no creación divina.

# *TAREAS DE ESTUDIO*

*Pausen su lectura y completen lo siguiente antes de proceder. Involúcrense con el texto de las Escrituras directamente.*

- ***Comparen la asignación angelical y humana y expliquen por qué la diferencia no implica jerarquía.***
- ***Expliquen por qué el engaño, y no la creación, introduce corrupción.***
- ***Identifiquen qué formas de mal están ausentes en esta etapa de la historia.***
- ***Articulen cómo el orden preserva la rectitud de Yahuah sin argumentación.***

## PENSAMIENTOS FINALES – SEMANA 17

La corrupción entra en la historia; no se origina en la creación.

## REFLEXIÓN FINAL

"Cuando el orden es restaurado, la acusación pierde su poder."

# *CUATRIMESTRE II· MES 1 — SEMANA 18*
# REBELIÓN, VIOLACIÓN DE LÍMITES Y LA CORRUPCIÓN DE LA TIERRA

Los Vigilantes, el Juramento y el Colapso del Orden Creado

## RESULTADOS DEL APRENDIZAJE DE LA SEMANA 18 – REBELIÓN Y TRANSGRESIÓN JURÍDICA

Al final de la Semana 18, los estudiantes deben poder:

- Identificar a los Vigilantes como emisarios autorizados enviados para instruir a la humanidad
- Definir el mandato de los Vigilantes y la única prohibición que gobierna su asignación
- Explicar cómo la corrupción se origina a través de persuasión, juramento y transgresión voluntaria
- Analizar el pacto del Monte Hermón como un acto deliberado de rebelión
- Rastrear el surgimiento de la corrupción desde la violación de límites hasta la violencia sistémica
- Demostrar que la hibridación viola el orden creado y la naturaleza asignada
- Explicar por qué el juicio se vuelve necesario e irreversible en respuesta a la rebelión de los Vigilantes

## PROPÓSITO DE LA SEMANA 18

La Semana 18 entrena al estudiante a leer la rebelión como una violación legal de asignación, no como metáfora, formación o falla accidental. El objetivo no es volver a contar los eventos del Capítulo 2, sino aprender cómo las Escrituras y los testigos asignados presentan una secuencia consistente:
presencia autorizada → consejo corrupto → desafío ligado por juramento → unión ilícita → fruto corrompido → respuesta jurídica.
Esta semana, por lo tanto, establece el vocabulario y el razonamiento necesario para el resto del Cuatrimestre II. Si los estudiantes no pueden hacer la diferencia entre tentación de rebelión, o pecado de corrupción, los textos posteriores de juicio serán leídos incorrectamente y el carácter de Yahuah será

mal representado. La Semana 18 no es un capítulo emocional. Es un registro ordenado de transgresión, consecuencia y restricción.

## CUATRIMESTRE II · MES 1 · SEMANA 18 — LECTURA

Leer el Capítulo 2 de El Origen del Mal: Verdades Bíblicas Escondidas a Plena Vista

A continuación, consideren los testimonios de las Escrituras que siguen. Su tarea no es resumir el capítulo, sino extraer las categorías doctrinales que el capítulo requiere.

## LA MISIÓN DE LOS VIGILANTES

- Yôbêl (Jubileos) 4:15

Lean este texto para establecer la posición legal inicial: los Vigilantes no son introducidos como rebeldes, sino como emisarios dentro de un mandato. Su enfoque es identificar:

qué fueron enviados a hacer (función), qué autoridad llevaban (estatus), y por qué su transgresión posterior debe leerse como abandono de asignación y no como ignorancia.

Este pasaje provee el fundamento para una disciplina clave del Cuatrimestre II:

La corrupción comienza cuando seres autorizados abusan de un acceso legítimo.

Incitación y Consejo Hacia la Transgresión

- Chănôk (Enoc) 69:4–5

Esta lectura entrena a los estudiantes a ubicar dónde comienza la rebelión: no con el acto, sino con el consejo. Al leer, rastreen lo siguiente:

el rol de la persuasión en iniciar la desviación, la diferencia entre sugerencia y coerción, cómo el "consejo malo" funciona como una puerta de entrada a la violación de los límites.

Los estudiantes deben aprender a considerar el consejo como capacidad de actuar, no como un elemento secundario. En el razonamiento de las Escrituras, el consejo establece la responsabilidad.

El Pacto del Monte Hermón

- Chănôk (Enoc) 6:3–6

Este texto debe tratarse jurídicamente. El juramento no es "drama". Es un mecanismo legal que establece tres realidades:

1.conocimiento de prohibición,
2.compromiso colectivo, e
3.intención irreversible.

La disciplina interpretación aquí es crucial: el juramento no crea rebelión; la sella. Por lo tanto, los estudiantes deben hacer la diferencia entre tentación (etapa previa) y desafío consumado (etapa ligada por juramento).

Violación de Límites y la Corrupción del Orden Creado

En este punto de la secuencia, el estudiante debe identificar el límite en cuestión: los Vigilantes cruzan el único límite que preserva diferencia entre lo que es celestial y lo que es humano. El asunto no es romance, mito o simbolismo; es el apoderamiento de una función no asignada a ellos.

Razonen con las categorías que las Escrituras requieren:

- asignación versus apoderamiento,
- acceso legal versus intrusión ilegal,
- diferencia versus mezcla,
- fruto como evidencia de naturaleza.

La disciplina clave a nivel de maestría es esta: la violación de límites se prueba por resultado, no se afirma por opinión.

El Nacimiento de Híbridos y la Expansión de la Corrupción

- Chănôk (Enoc) 7:1–6; 15:8–12

Estas lecturas deben abordarse como testigos doctrinales, no como material narrativo. Los estudiantes deben rastrear cuatro rasgos doctrinales que los textos enfatizan:

1.el surgimiento de una categoría ilícita (fruto híbrido),
2.la violencia como expresión medible de corrupción,
3.la expansión a toda la creación (humanidad, animales, ecosistemas),
4.la continuidad de la corrupción después de la muerte mediante espíritus sin cuerpo.

Los estudiantes deben ser entrenados a leer la lógica del texto: el fruto define la categoría. Los Nefelinos no son presentados como meramente humanos pecaminosos; Son presentados como una presencia que produce corrupción total.

## CORRUPCIÓN SISTÉMICA Y LA NECESIDAD DEL JUICIO

- Yôbêl (Jubileos) 7:22

Este pasaje no se incluye para dramatizar la destrucción, sino para establecer un punto de referencia: una vez que la corrupción se vuelve sistémica, ya no se maneja mediante disciplina ordinaria. Los estudiantes deben identificar cómo el texto describe la corrupción como:

- expandiéndose más allá de los humanos,
- consumiendo comunidades,
- acabando con el ambiente,
- produciendo violencia que se devora a sí misma.

El objetivo doctrinal es captar por qué el juicio en el Cuatrimestre II funciona como contención y preservación, no como represalia emocional.

## RESPUESTA JURÍDICA Y SENTENCIA FINAL

- Chănôk (Enoc) 12–15

Estos capítulos se leen para establecer que el juicio no es caos. Es formal, declarado y ejecutado. Los estudiantes deben rastrear los indicadores jurídicos:

- asignación del emisario (el rol de Chănôk),
- intercesión negada (por qué la apelación es rechazada),
- acceso cortado (pérdida de posición celestial),
- atadura y restricción,
- sentencia sobre fruto ilícito.

Esta sección entrena al estudiante a articular por qué la misericordia no se ofrece en cada etapa: los textos presentan un punto donde la rebelión es completada y el juicio se vuelve necesario para preservar lo que queda.

## EXPLICACIÓN DIDÁCTICA

La Semana 18 enseña al estudiante cómo leer la rebelión como un descenso estructurado: seres autorizados abandonan su asignación mediante consejo, se atan por juramento, se apoderan de una función prohibida y generan fruto corrupto que se extiende más allá del pecado privado hacia el colapso a nivel de la creación.

La destreza de interpretación central que esta semana requiere es razonamiento jurídico: los estudiantes deben aprender a identificar quién actúa, con qué permiso, mediante qué mecanismo y con qué resultado. La hibridación no se trata como imagen mítica sino como la consecuencia de mezcla ilícita—prueba de que los límites existen, importan y pueden ser violados.

El juicio, por lo tanto, no se introduce como severidad arbitraria. Aparece como la respuesta requerida cuando la corrupción se vuelve sistémica y la preservación de la creación requiere restricción.

## ENFOQUE DE ALINEACIÓN – CAPÍTULO 2 (EL ORIGEN DEL MAL)

Del Capítulo 2, los estudiantes deben extraer y retener:

- Los Vigilantes comienzan como emisarios autorizados
- La rebelión comienza con consejo y persuasión, no con ignorancia
- El juramento marca compromiso deliberado e intención irreversible

- La violación de límites se define por el apoderamiento de una función prohibida
- El fruto híbrido funciona como evidencia de mezcla ilícita
- La corrupción se extiende sistémicamente, no privadamente
- El juicio funciona como contención una vez la corrupción alcanza su totalidad
- La intercesión es negada después de que la rebelión es consumada

## TÉRMINOS CLAVE Y DEFINICIONES (SEMANA 18)

- Ángeles Vigilantes: Emisarios autorizados enviados para instruir a la humanidad en juicio y rectitud.
- Violación de Límites: El cruce voluntario de un límite asignado con conocimiento de prohibición.
- Juramento: Una declaración vinculante que sella intención y elimina retirada de la transgresión.
- Hibridación: Mezcla ilícita que produce fruto corrupto y viola asignación divina.
- Juicio: Contención divina de corrupción irreversible mediante decreto autoritativo y restricción.

# *TAREAS DE ESTUDIO*

*Pausen su lectura y completen lo siguiente antes de proceder. Involúcrense con el texto de las Escrituras directamente.*

- ***Identifiquen el mandato de los Vigilantes y declaren el único límite unido a su asignación.***
- ***Expliquen por qué el "consejo" es tratado como capacidad de actuar y responsabilidad en el texto.***
- ***Demuestren por qué el juramento es jurídicamente significativo y no simbólico.***
- ***Rastreen la secuencia desde la violación de límites hasta la corrupción sistémica y luego hasta la respuesta jurídica.***

## PENSAMIENTOS FINALES – SEMANA 18

"La corrupción comienza cuando la asignación es rechazada y los límites son cruzados."

## REFLEXIÓN FINAL

"El juicio no es el origen del desorden; es la respuesta a ello."

## *CUATRIMESTRE II· MES 1 — SEMANA 19*

# CORRUPCIÓN TOTAL Y JUICIO INMINENTE

De la Violencia Híbrida a la Necesidad del Diluvio

### RESULTADOS DEL APRENDIZAJE DE LA SEMANA 19 – LA CORRUPCIÓN COMO UNA CONDICIÓN HISTÓRICA

Al final de la Semana 19, los estudiantes deben poder analizar la corrupción como una condición histórica y material en lugar de una abstracción moral, demostrando por qué las Escrituras presentan el Diluvio como un acto inevitable de purificación. Los estudiantes deben poder identificar a los Nefelinos como los agentes a través de los cuales la corrupción se extiende a toda carne, hacer la diferencia del pecado humano ordinario de la corrupción de la carne producida por el linaje híbrido, y explicar por qué el juicio se vuelve obligatorio una vez que la corrupción alcanza su totalidad.

### PROPÓSITO DE LA SEMANA 19

La Semana 19 aborda un fallo de interpretación crítico común en Yada Yahuah: el colapso de la corrupción en debilidad moral humana.
El Capítulo 3 no describe una sociedad pecaminosa necesitada de reforma; describe un orden creado que ha sido comprometido estructuralmente.
Esta semana entrena a los estudiantes a reconocer cuándo las Escrituras cambia de abordar la conducta a abordar la condición, y de la corrección a la eliminación. Sin esta diferencia, el Diluvio es mal leído como una sobrerreacción divina en lugar de necesidad judicial.

Leer el Capítulo 3 de El Origen del Mal: Verdades Bíblicas Escondidas a Plena Vista
(Humanidad caída, Tierra corrompida, juicio inminente)

## CUATRIMESTRE II - MES 1 - SEMANA 19 - LECTURA

La Corrupción como una Condición, No como una Acumulación de Pecados
El Capítulo 3 presenta la corrupción como un estado que afecta a toda carne. El lenguaje de "corrompió su camino" y "corrompieron sus órdenes" señala un colapso de distinciones creadas, no meramente falla ética.
Los estudiantes deben observar que las Escrituras atribuyen esta condición a la expansión de la actividad de los Nefelinos. La imaginación descrita como "continuamente mala" no es presentada como nativa de la humanidad no alterada, sino como la consecuencia de dominación híbrida sobre la creación. Cuando las Escrituras hablan de toda carne, el contexto determina si se refiere a la capacidad de actuar moralmente o a la condición biológica. En el Capítulo 3, el énfasis es claramente lo segundo.

## LOS NEFELINOS COMO AGENTES DE COLAPSO SISTÉMICO

El Capítulo 3 identifica consistentemente a los seres híbridos como el mecanismo mediante el cual la corrupción se expande:

- Devoran a la humanidad
- Corrompen animales y ecosistemas
- Difunden violencia de todas las formas posibles.
- Deboran la creación misma

Esto no es lenguaje metafórico. Describe la devastación material que hace imposible la restauración.
Los estudiantes deben evitar importar suposiciones posteriores sobre Yada Yahuah que reducen esto a "maldad humana". El Capítulo 3 asigna responsabilidad con precisión.

Nôach como Preservación, No como Excepción Moral
La narrativa del nacimiento de Nôach funciona como un indicador de la continuidad, no de comparación moral.
Las Escrituras enfatizan la diferencia, preservación y separación en lugar de señalización de virtud.

## NÔACH REPRESENTA:

- El Linaje humano no corrompido
- La Continuidad de la creación original
- La Viabilidad para la continuidad del pacto

El texto no argumenta que Nôach es librado porque otros son moralmente peores, sino porque algo permanece que aún puede ser preservado.

El Juicio como Purificación, No como Castigo
El Capítulo 3 enmarca explícitamente el Diluvio como respuesta a contaminación irreversible.
La Regla de interpretación clave establecida aquí:
El juicio escala en respuesta al grado de corrupción, no al número de pecados cometidos.
Una vez que la corrupción consume la carne, ecosistemas y linaje, el perdón ya no es suficiente. La eliminación se vuelve el único medio de preservar la creación misma.

## EXPLICACIÓN DIDÁCTICA

La Semana 19 establece el cambio decisivo en la doctrina del mal:
Las Escrituras pasan de abordar la desobediencia a abordar la incompatibilidad con la vida.
El Diluvio no es un acto disciplinario dirigido a reformar a la humanidad.
Es una intervención purificadora necesaria por la expansión de corrupción híbrida que ha devorado toda carne. La preservación de Nôach confirma que el juicio es selectivo, intencional y restaurativo en propósito—no destrucción indiscriminada.
Esta semana provee el marco requerido para entender los juicios posteriores, incluyendo fuego, exilio y erradicación final, sin atribuir injusticia ni arbitrariedad a Yahuah.

## ENFOQUE DE ALINEACIÓN – CAPÍTULO 3 (EL ORIGEN DEL MAL)

Del Capítulo 3, los estudiantes deben retener los siguientes puntos de interpretaciones:

- La corrupción puede afectar carne y creación, no solo conducta
- Los Nefelinos funcionan como agentes de violencia sistémica
- La destrucción de la humanidad no es atribuida a la creación humana original
- La preservación opera a través de la continuidad del linaje
- El juicio funciona como purificación cuando la restauración ya no es posible

## TÉRMINOS CLAVE Y DEFINICIONES (SEMANA 19)

- Corrupción

Una condición en la cual la carne, el linaje y el orden creado son alterados más allá de restauración mediante rebelión sostenida.

- Violencia

La manifestación externa de la corrupción consumiendo a la humanidad y la creación.

- Purificación

La eliminación de elementos corrompidos para preservar lo que permanece viable dentro de la creación.

- Diluvio

Un acto judicial de limpieza y contención, no disciplina correctiva.

# *TAREAS DE ESTUDIO*

*Involúcrense con el Capítulo 3 directamente. No importen Yada Yahuah posterior.*

- ***Identifiquen cómo las Escrituras hacen diferencia entre corrupción y de falla moral***
- ***Rastreen el progreso desde actividad híbrida hasta colapso total***
- ***Expliquen por qué el perdón por sí solo no podría abordar la condición descrita***
- ***Articulen por qué la preservación requirió eliminación***

## PENSAMIENTOS FINALES — SEMANA 19

"Cuando la corrupción se vuelve total, la preservación requiere eliminación."

## REFLEXIÓN FINAL

"El juicio preserva la creación cuando la misericordia ya no puede sanarla."

*CUATRIMESTRE II· MES 1 — SEMANA 20*

# ESPÍRITUS SIN CUERPO, CAPACIDAD DE ACTUAR, Y MAL ATRIBUIDO ERRÓNEAMENTE

Demonios, Maśṭêmâh, y la Restauración de Categorías De las Escrituras

## RESULTADOS DEL APRENDIZAJE DE LA SEMANA 20

## CAPACIDAD DE ACTUAR DEL MAL Y PRECISIÓN DE LAS ESCRITURAS

Al final de la Semana 20, los estudiantes deben poder identificar los verdaderos agentes del mal descritos en las Escrituras, haciendo la diferencia claramente entre ángeles, demonios y humanidad según su origen, asignación y limitación. Los estudiantes deben demostrar por qué los demonios no son ángeles caídos, por qué emergen solo después del Diluvio, y por qué su actividad está confinada a la Tierra. Los estudiantes también deben explicar el rol autorizado de Maśṭêmâh y articular cómo la confusión lingüística conduce a falsa atribución del mal a Yahuah. Finalmente, los estudiantes deben aplicar el lenguaje del pacto disciplinado para preservar la responsabilidad, el juicio y la coherencia de Yada Yahuah.

## PROPÓSITO DE LA SEMANA 20

La Semana 20 restaura la claridad de la capacidad de actuar, lo cual es esencial para una Yada Yahuah verdadera.

El Capítulo 4 resuelve una confusión que ha corrompido casi toda doctrina posterior: el fallo de hacer la diferencia quién hace mal, quién ejecuta juicio y quién autoriza prueba. Cuando estas categorías colapsan, el mal es o atribuido a Yahuah mismo o proyectado sobre una deidad rival imaginada.

Esta semana se entrena a los estudiantes a leer las Escrituras con disciplina categórica.Los demonios no son seres primordiales, no son ángeles caídos, y no son metáforas. Maśṭêmâh no es un dios rival, ni el autor de la creación, sino un agente autorizado operando dentro de límites estrictos. Por lo tanto, el mal no es ni divino ni autónomo. Es histórico, derivado y restringido.

## CUATRIMESTRE II - MES 1- SEMANA 20 - LECTURA

Leer el Capítulo 4 de El Origen del Mal: Verdades Bíblicas Escondidas a Plena Vista

## ORIGEN DE ESPÍRITUS MALIGNOS

- Chănôk (Enoc) 15:8–12

El Capítulo 4 establece que los demonios se originan después del exterminio de los Nefelinos. Son los espíritus sin cuerpo de seres híbridos que nunca fueron parte de la creación original y por lo tanto no poseen herencia, no poseen reposo, y no poseen lugar más allá de la Tierra.

Este origen explica su comportamiento. Afligen, oprimen, engañan y destruyen—no porque sean soberanos, sino porque están desplazados. Su hostilidad hacia la humanidad surge de origen, no de rivalidad. Atormentan a los humanos porque proceden de humanos.

Esta diferencia es fundamental: los demonios son consecuencias históricas de rebelión, no seres eternos creados por Yahuah.

## AUSENCIA DE DEMONIOS ANTES DEL DILUVIO

El Capítulo 4 confirma que antes de la destrucción de los Nefelinos:

- No había demonios
- No había enfermedad sistémica
- No había aflicción espiritual generalizada

El mal existía como desobediencia y violencia, pero no como una infestación espiritual externa. La actividad demoníaca entra en la historia solo después de que la raza híbrida es destruida. Esta cronología elimina la idea de espíritus malignos primordiales y preserva la integridad de la creación como fue ordenada originalmente.

El Conocimiento Prohibido y la Continuación de la Corrupción

- Chănôk 10; 16; 19; 65

La destrucción humana no persiste por ignorancia, sino porque la instrucción prohibida continúa.
El Capítulo 4 muestra que las enseñanzas de los Vigilantes—y luego la influencia de demonios—impulsan idolatría, sacrificio y engaño.
Por lo tanto, la perdición no es accidental. Es sostenida por involucramiento con conocimiento que nunca fue autorizado para la humanidad. La Escritura consistentemente vincula la corrupción a la revelación recibida ilícitamente, no a falta de iluminación.

**Maśṭêmâh como un Agente Autorizado**

- Jubileos 10–11; Hôshêa 9

Maśṭêmâh no es presentado como ángel caído ni como adversario independiente. Es una figura autorizada operando bajo permiso. Su rol es administrativo: supervisar prueba permitida, acusación y exposición de inclinación humana.

El Capítulo 4 muestra que Maśṭêmâh mantiene acceso a Yahuah y opera dentro de límites explícitamente establecidos por Él. Esto explica la prueba presentada en las Escrituras sin introducir una estructura de poder competitiva o coeterna.
Corrigiendo la Ficción de una Deidad Rival
El Capítulo 4 desmantela la invención posterior de Yada Yahuah de un oponente maligno soberano. La Escritura presenta:

- Vigilantes atados
- Espíritus errantes sin herencia
- Seres autorizados para poner a prueba
- Agentes restringidos

Cuando toda la oposición se acopla en una sola figura mítica, la capacidad de actuar se oscurece y la responsabilidad se coloca mal. La Semana 20 restaura el mapa de las Escrituras.

## EXPLICACIÓN DIDÁCTICA

El Capítulo 4 demuestra que el mal es real, histórico y limitado.
Los demonios actúan, engañan y afligen—pero no gobiernan. Maśṭêmâh prueba—pero no crea, no corrompe, ni reina. Yahuah juzga—pero no origina mal.
El fallo de mantener estas distinciones resulta en colapso de Yada Yahuah. Por lo tanto, la precisión no es exceso académico; es obediencia a lo que las Escrituras realmente revela.

## ENFOQUE DE ALINEACIÓN – CAPÍTULO 4 (EL ORIGEN DEL MAL)

Del Capítulo 4, los estudiantes deben retener que:

- Los demonios son espíritus sin cuerpo de los Nefelinos
- Los demonios se originan después del Diluvio
- Los demonios no son ángeles y no son creados por Yahuah
- El conocimiento prohibido mantiene la corrupción
- Maśṭêmâh opera por permiso y límite
- La confusión lingüística causa falsa atribución del mal

## TÉRMINOS CLAVE Y DEFINICIONES (SEMANA 20)

- Espíritus malignos (demonios)

Espíritus sin cuerpo de los nefelinos, confinados a la Tierra sin herencia ni reposo.

- Maśṭêmâh

Agente angelical autorizado que supervisa la prueba permitida y la acusación bajo límites divinos.

- Agente (Agencia)

El actor responsable detrás de una acción o resultado.

- Lenguaje de pacto

Vocabulario regido por las Escrituras que preserva la atribución y la responsabilidad correctas.

# *TAREAS DE ESTUDIO*

*Involúcrense solo con el Capítulo 4 y las Escrituras citadas.*

- ***Identifiquen el origen, la naturaleza y la limitación de los demonios***
- ***Expliquen por qué los demonios no pueden atribuirse a la voluntad creativa de Yahuah***
- ***Hagan la diferencia entre el panel de Maśṭêmâh y la rebelión***
- ***Reescriban un pasaje comúnmente mal leído usando el lenguaje del pacto disciplinado***

## PENSAMIENTOS FINALES DE LA SEMANA 20

Cuando la capacidad de actuar es restaurada, la acusación colapsa.

## REFLEXIÓN FINAL

"La confusión sobrevive donde el lenguaje es descuidado."

# *CUATRIMESTRE II· MES 1 — CONSOLIDACIÓN Y REFUERZO (SEMANAS 17–20)*

## PROPÓSITO

Esta sección consolida los fundamentos estructurales del Cuatrimestre II · MES 1. Estas semanas establecen las categorías necesarias para entender la rebelión, la corrupción, el juicio y la capacidad de actuar antes de avanzar a la administración celestial en MES 2.

Si algún principio de abajo no está claro, el estudiante debe regresar a la semana correspondiente antes de continuar. El MES 2 asume dominio de estos fundamentos y no los repite.

### FUNDAMENTOS CENTRALES POR SEMANA

El Orden Precede la Corrupción (Semana 17)

- Todos los espíritus son creados dentro del orden divino y la asignación
- Ángeles y humanos difieren en función, no en valor
- El mal no es una sustancia creada ni una fuerza primordial
- El engaño introduce desobediencia sin alterar la bondad de la creación
- El conocimiento del mal se adquiere por transgresión, no por diseño divino

### RESULTADO CLAVE:

El estudiante entiende que la corrupción es histórica, no intrínseca a la creación.

### LA REBELIÓN ES VIOLACIÓN DEL LÍMITE (SEMANA 18)

- Los Vigilantes eran emisarios autorizados con un mandato definido
- Una sola prohibición gobernaba su asignación: no procreación
- La corrupción comienza por persuasión, juramento y desafío voluntario
- El pacto del Monte Hermón representa rebelión deliberada e irreversible
- La hibridación constituye una violación de límites creados establecidos por Yahuah, no una falla simbólica.

## RESULTADO CLAVE:

El estudiante puede rastrear de la corrupción a la rebelión consciente, no a ignorancia o emoción.

## LA CORRUPCIÓN SE VUELVE UNA CONDICIÓN TOTAL (SEMANA 19)

- El pecado como acto difiere de la corrupción como condición
- Los Nefelinos son los agentes primarios de violencia sistémica
- La corrupción se extiende a la humanidad, animales, y la Tierra misma
- El Diluvio responde a la corrupción total, no a debilidad humana ordinaria
- El juicio funciona como purificación cuando la restauración ya no es posible

## RESULTADO CLAVE:

El estudiante entiende por qué el juicio escala solo cuando la corrupción se vuelve irreversible.

El mal como agente personal y sus orígenes atribuidos erróneamente (Semana 20)

- Los demonios son los espíritus sin cuerpo de los Nefelinos, no ángeles caídos
- Los espíritus malignos se originan después del Diluvio, no en la creación
- El conocimiento prohibido mantiene la corrupción post-Diluvio
- Maśṭêmâh funciona como un agente autorizado de prueba y juicio
- La confusión lingüística atribuye falsamente mal a Yahuah

## RESULTADO CLAVE:

El estudiante puede asignar correctamente la capacidad de actuar, responsabilidad, y la acción usando lenguaje del pacto.

## PRINCIPIO FUNDAMENTAL ACUMULATIVO DEL MES 1

El mal se origina por rebelión, violación de límite, y corrupción resultante—no en la naturaleza de Yahuah, voluntad, o diseño creativo.
El juicio responde a la corrupción como contención y purificación.

La precisión del lenguaje preserva la correcta atribución de la capacidad de actuar y justicia.

## ACCIÓN OBLIGATORIA DEL ESTUDIANTE (ANTES DE PROCEDER A MES 2)

- Repasar cualquier semana donde la secuencia, capacidad de actuar, o la causación permanezca no clara
- Asegurar que la creación, rebelión, corrupción, y el juicio no sean colapsados en una sola categoría
- Verificar el que mal moral, juicio, calamidad, y la capacidad de actuar nunca sean confundidos
- Preservar razonamiento estructural en lugar de afirmación doctrinal

El fracaso en dominar estas distinciones resultará en mala lectura de la administración celestial en el MES 2.

*CUATRIMESTRE II· MES 2*

## ORIENTACIÓN ACADÉMICA – CUATRIMESTRE II • MES 2

El Mes 2 avanza el estudio a nivel de Licenciatura desde la definición y la disciplina del lenguaje del pacto (Mes 1) hacia la administración celestial, la rendición de cuentas celestial y la rebelión en el ámbito celestial. Se espera que los estudiantes preserven las categorías de las Escrituras mientras rastrean cómo la corrupción se propaga mediante la violación de límites, autoridad ilícita y la transmisión prohibida de conocimiento.

Este módulo asume dominio del Cuatrimestre II · Mes 1, especialmente:

- El mal no es creado por Yahuah
- El juicio no es mal moral
- La corrupción se origina por rebelión
- La disciplina del lenguaje del pacto previene falsas acusaciones contra Yahuah

### SE ESPERA QUE LOS ESTUDIANTES:

- Demuestren el orden y la responsabilidad celestial usando las Escrituras
- Identifiquen la rebelión como violación deliberada de límites, no como metáfora
- Hagan la diferencia entre el conocimiento autorizado de la transmisión ilícita por su fruto y orden del pacto
- Expliquen cómo el juicio funciona como contención para preservar la creación

Las afirmaciones deben ser apoyadas por las lecturas asignadas y gobernadas por razonamiento de las Escrituras, no por especulación filosófica.

## VISIÓN GENERAL DEL MÓDULO

Rebelión en el Ámbito Celestial
(El Origen del Mal: Verdades Bíblicas Escondidas a Plena Vista — Capítulo 5)
Este módulo continúa con el Cuatrimestre II examinando la rebelión celestial más allá de la humanidad, enfocándose en los Vigilantes y la violación del orden celestial. El Mes 2 se construye directamente sobre el Mes 1, al mostrar que el mal no se origina en la creación misma, sino que se propaga por violación de límites, autoridad ilícita y transmisión prohibida del conocimiento.
Los estudiantes examinarán cómo los seres celestiales fueron asignados con orden, autoridad y límites —y cómo ocurrió la rebelión cuando esos límites fueron rechazados. Este mes expone la dimensión espiritual de la corrupción y explica por qué el mal no puede reducirse únicamente a metáfora, formación o simbolismo.

## AL FINAL DE ESTE MES, EL ESTUDIANTE ENTENDERÁ QUE:

- El ámbito celestial opera bajo orden y responsabilidad
- Los seres celestiales no son autónomos ni moralmente neutrales
- Los Vigilantes violaron límites asignados
- El conocimiento prohibido fue transmitido ilícitamente
- La rebelión celestial produjo consecuencias terrenales duraderas

Este mes prepara al estudiante para un estudio más profundo de la corrupción, violencia, hibridación, juicio y la restauración en términos posteriores.

## CONTINUIDAD METODOLÓGICA – ORDEN CELESTIAL, LÍMITE Y CAPACIDAD DE ACTUAR

Este módulo continúa la metodología centrada en las Escrituras establecida en el Cuatrimestre II · Mes 1. Todo el material del Mes 2 está gobernado por los siguientes principios:

- Las Escrituras Establecen el Orden Antes de Describir la Rebelión

La rebelión celestial solo es inteligible si primero se establece desde las Escrituras el orden, la asignación y los límites celestiales.

- Los Seres Celestiales Son Responsables Bajo Autoridad

Los seres celestiales no son autónomos ni moralmente neutrales; operan dentro de roles y límites asignados.

- La Rebelión Es Violación Voluntaria del Límite

La curiosidad y el deseo se distinguen de la rebelión por la intención, el juramento y el desafío de límites asignados.

- El Conocimiento Prohibido Corrompe Porque Evade el Orden Del pacto

El conocimiento debe evaluarse por autorización y fruto; la transmisión ilícita produce engaño y corrupción a largo plazo.

- El Juicio Responde a la Corrupción y la Contiene

El juicio se interpreta como una medida de contención de la destrucción, no como un mal moral originado en Yahuah.
Estos principios gobiernan todas las lecturas, tareas de estudio y evaluaciones en el Cuatrimestre II · Mes 2.

## RESULTADOS DEL APRENDIZAJE DEL MÓDULO — CUATRIMESTRE II · MES 2

Al final del Cuatrimestre II · Mes 2, los estudiantes deben ser capaces de:

- Demostrar que el ámbito celestial opera bajo orden, asignación y responsabilidad

- Identificar a los Vigilantes como seres celestiales históricos y definir su transgresión como violación del límite

- Hacer la diferencia entre curiosidad, deseo y afecto de rebelión arraigada en intención y juramento

- Explicar cómo el conocimiento prohibido funciona como mecanismo de corrupción

- Rastrear patrones de continuidad de rebelión desde el Edén hasta manifestaciones históricas posteriores

- Explicar por qué el juicio funciona como contención y no como mal moral, preservando el carácter de Yahuah

El dominio se demuestra mediante citación precisa de los textos asignados, razonamiento del pacto coherente y preservación disciplinada de categorías en las Escrituras.

## COBERTURA DE CAPÍTULOS

**El Origen del Mal — Capítulos 5–8**

- Capítulo 5 — Administración Celestial y Prueba Del Adversario

(Maśṭêmâh, autoridad delegada, prueba, acusación y juicio legítimo)

- Capítulo 6 — El Poder de los Demonios

(Cómo los espíritus inmundos dominan mediante temor e ignorancia)

- Capítulo 7 — Las Dos Simientes

(La línea pura de Yahuah y el linaje corrompido de los Nefelinos)

- Capítulo 8 — Sodoma y Gomorra

(Ciudades que simbolizan la plenitud del pecado y la justicia de Yahuah)

*CUATRIMESTRE II· MES 2 — SEMANA 21*

# ADMINISTRACIÓN CELESTIAL Y ACUSACIÓN

Prueba Delegada, Juicio y el Rol del Adversario

## RESULTADOS DEL APRENDIZAJE DE LA SEMANA 21 – ADMINISTRACIÓN CELESTIAL Y PRUEBA

Al final de la Semana 21, los estudiantes deben ser capaces de:

- Explicar cómo opera la prueba celestial sin originar mal moral
- Identificar a Maśṭêmâh como un agente adversario que opera bajo autoridad divina, no como un poder rival
- Hacer la diferencia entre juicio delegado de autoría divina de destrucción
- Demostrar cómo la acusación, la prueba, la restricción y la liberación funcionan dentro del orden celestial
- Preservar la justicia de Yahuah mientras explican la prueba, calamidad y juicio

## PROPÓSITO DE LA SEMANA 21

La Semana 21 establece los mecanismos administrativos de la corte celestial tal como son revelados en las Escrituras.
Antes de examinar más a fondo la rebelión, corrupción o destrucción, las Escrituras aclaran cómo funcionan la prueba y la acusación dentro del orden divino.

El Capítulo 5 corrige un error profundamente incrustado en Yada Yahuah: la suposición de que Yahuah realiza personalmente actos de crueldad, tentación o destrucción. En su lugar, las Escrituras revelan la prueba delegada y ejecución delegada, gobernadas por permiso, restricción y tiempo.
Esta semana capacita a los estudiantes para leer pasajes difíciles sin atribuir indebidamente la capacidad de actuar al ámbito celestial. Sin este marco, los relatos posteriores de juicio se leen erróneamente como volatilidad divina en lugar de consistencia judicial.

## CUATRIMESTRE II • MES 2 • SEMANA 21 – LECTURA

Leer el Capítulo 5 de El Origen del Mal: Verdades Bíblicas Escondidas a Plena Vista
(Fe contra acusación — El diálogo celestial que desató la prueba del sacrificio)
Las lecturas a continuación no se incluyen para volver a contar el Capítulo 5, sino para entrenar a los estudiantes a identificar la capacidad de actuar, permiso y ejecución.

## LA PRUEBA DE ABRAHAM: ACUSACIÓN DETRÁS DEL MANDATO

- Berēšhīṯh (Génesis) 22:1–2, 9–12
- Yôbêl (Jubileos) 17:16; 18:9–11

Génesis registra la prueba; Jubileos revela su origen celestial.
El desafío de sacrificar a Yitschâq no se origina en un deseo divino de violencia, sino en la acusación de Maśṭêmâh contra la fe de Abraham.

## LOS ESTUDIANTES DEBEN OBSERVAR LA SECUENCIA JURÍDICA:

- Se levanta una acusación
- Se concede permiso
- Se ejecuta la prueba
- La obediencia silencia la acusación
- La restricción detiene la destrucción

La prueba no revela crueldad en Yahuah — expone fidelidad en Abraham y avergüenza al acusador.

## LA BENDICIÓN DE ABRAHAM Y EL CONOCIMIENTO DEL ADVERSARIO

- Yôbêl (Jubileos) 19:28

La bendición de Abraham sobre Yaʿaqôb nombra explícitamente a Maśṭêmâh e invoca protección contra sus espíritus. Esto demuestra que los patriarcas poseían conocimiento claro de la administración celestial, posteriormente oscurecido por la tradición.

Los estudiantes deben notar que la bendición del pacto incluye reconocimiento de la presencia adversaria, no negación de ella.

## EL INTENTO DE MUERTE DE MÔSHEH EXPLICADO

- Šhemōṯh (Éxodo) 4:24–26
- Yôbêl (Jubileos) 48:2–4

Éxodo por sí solo parece implicar a Yahuah como agresor. Jubileos restaura la capacidad de actuar, revelando a Maśṭêmâh como el atacante, actuando para impedir la liberación de Yâshâral.

Este pasaje entrena a los estudiantes en una disciplina crítica:
La Escritura debe interpretarse con capacidad de actuar aclarada, no con causación asumida.
Yahuah rescata a Môsheh; Él no sabotea Su propia misión.

### Maśṭêmâh Detrás de la Opresión de Mitsrayim

- Yôbêl (Jubileos) 48:9–13

Maśṭêmâh es mostrado operando detrás de Mitsrayim, empoderando resistencia y hechicería. Yahuah permite oposición, restringe remedios y finalmente sobrepasa mediante juicio.
El endurecimiento del corazón del Faraón no es malicia divina, sino la exposición del orgullo bajo resistencia permitida.

Atadura del Acusador Durante la Redención

- Yôbêl (Jubileos) 48:15–18

Maśṭêmâh es temporalmente atado para que no pueda acusar a Yâshâral durante la liberación. La acusación, por tanto, no es constante ni absoluta; es restringida según el propósito del pacto.
El juicio incluye no solo castigo de enemigos, sino restricción del acusador.

La Muerte de los Primogénitos: Ejecución Aclarada

- Šhemōṯh (Éxodo) 12:23, 29
- Yôbêl (Jubileos) 49:2

La Escritura distingue entre Yahuah pasando por alto y el destructor ejecutando muerte. Jubileos identifica al destructor como Maśṭêmâh y sus agentes.
Esta diferencia es innegociable:
Yahuah autoriza juicio; Él no destruye personalmente.

"Satan" como Título, No como Nombre

- Îyôb (Job) 1:6–7

El término śâṭân funciona como un rol — adversario, acusador — no como nombre propio ni como deidad rival. Maśṭêmâh cumple este rol dentro del orden celestial.
Los estudiantes deben aprender a resistir invenciones posteriores de Yada Yahuah que acoplan las categorías en las Escrituras en un solo enemigo mítico.

## EXPLICACIÓN DIDÁCTICA

La Semana 21 revela que la oposición existe dentro del orden.
Maśṭêmâh no es un Vigilante rebelde, ni un enemigo soberano, ni un originador corrupto del mal. Es un adversario autorizado, permitido para probar, acusar y ejecutar juicio dentro de límites estrictos.
Yahuah permanece justo, restringido y soberano.
La prueba refina la fe; la acusación expone lealtad; el juicio preserva el orden.
Este marco previene el colapso de Yada Yahuah al preservar la capacidad de actuar correcta.

## ENFOQUE DE ALINEACIÓN – CAPÍTULO 5 (EL ORIGEN DEL MAL)

Del Capítulo 5, los estudiantes deben retener:

- La prueba no equivale a mal moral
- Maśṭêmâh opera por permiso, no por autonomía
- La acusación precede a la prueba

- El juicio se ejecuta mediante agentes
- La restricción gobierna la destrucción
- Yahuah nunca actúa como destructor ni tentador

## TÉRMINOS CLAVE Y DEFINICIONES (SEMANA 21)

- Adversario (śâṭân): Un rol funcional de acusación u oposición, no un nombre propio
- Maśṭêmâh: Un agente angelical autorizado encargado de prueba, acusación y ejecución bajo límite
- Juicio Delegado: Juicio llevado a cabo por agentes autorizados en lugar de Yahuah directamente
- Prueba: Un proceso permitido que revela fidelidad sin originar mal

# *TAREAS DE ESTUDIO*

*Usando solo el Capítulo 5:*

***• Expliquen por qué la prueba de Abraham no implica a Yahuah en crueldad***

***• Hagan la diferencia entre permiso divino de acción divina***

***• Rastreen el rol de Maśṭêmâh a través de Abraham, Môsheh y Mitsrayim***

***• Demuestren cómo este marco preserva la justicia de Yahuah***

## REFLEXIONES FINALES – SEMANA 21

"El juicio no requiere corrupción; la prueba no requiere crueldad."

Sin esta semana, la doctrina posterior colapsa en acusación contra Yahuah.

Con ella, rebelión, corrupción y juicio permanecen inteligibles, medidos y justos.

## REFLEXIÓN FINAL

"Cuando la acusación es entendida, la justicia ya no necesita defensa."

*CUATRIMESTRE II· MES 2 — SEMANA 22*

# EL PODER Y LOS LÍMITES DE LA INFLUENCIA DEMONÍACA

Cómo Persiste la Rebelión sin Autoridad

## RESULTADOS DEL APRENDIZAJE

Al finalizar esta semana, el estudiante podrá:

- Hacer la diferencia sobre influencia de autoridad dentro de la rebelión posterior al juicio
- Identificar cómo la rebelión persiste sin poder legítimo ni mandato
- Mantener la correcta atribución de la capacidad de actuar y responsabilidad en presencia del engaño
- Interpretar la corrupción posterior al Diluvio sin inflar la capacidad demoníaca
- Preservar la soberanía de Yahuah mientras explica la presencia continua del mal

## PROPÓSITO DE LA SEMANA 22

La Semana 21 estableció que el orden celestial opera mediante delegación, jurisdicción y rendición de cuentas, incluso en asuntos de prueba y acusación.
La Semana 22 aborda la pregunta jurídica que necesariamente sigue:
Si los seres transgresores fueron juzgados y confinados, ¿de qué manera continua la corrupción dentro de la historia?
El propósito de esta semana es disciplinar al estudiante contra un error de interpretación fundamental: la suposición de que la actividad continua implica autoridad continua.
El Capítulo 6 no debe leerse como una expansión del poder del mal, sino como una clarificación de sus límites.

## CUATRIMESTRE II · MES 2 · SEMANA 22 – LECTURA

Lea el Capítulo 6 de El Origen del Mal con atención deliberada a la restricción, no al espectáculo.

### EL ESTUDIANTE DEBE RESISTIR LEER BUSCANDO:

- afirmaciones sensacionalistas
- amplificación mitológica
- explicaciones que desplacen la responsabilidad lejos de los agentes del pacto

En su lugar, lea buscando:

- qué capacidades se niegan explícitamente
- qué límites se preservan después del juicio
- cómo las Escrituras mantienen el orden incluso en la corrupción

El Capítulo 6 funciona como lente correctivo, no como narrativa imaginaria.

### EXPLICACIÓN DIDÁCTICA

Este capítulo requiere lectura disciplinada porque desmantela la suposición de que el mal persiste porque posee fuerza, rango o jurisdicción.

Mientras el estudiante lee, debe observar cómo la actividad se describe sin conferir autoridad. El texto replantea consistentemente la operación demoníaca como:

- dependiente
- parásita
- restringida

y no como autónoma ni gobernante.

### LA TAREA INSTRUCTIVA ES RECONOCER CÓMO LAS ESCRITURAS PERMITEN:

- persistencia sin permiso
- influencia sin mandato
- engaño sin coerción

todo ello preservando la capacidad de actuar humana y la soberanía divina.

### ENFOQUE DE ALINEACIÓN – CAPÍTULO 6 (EL ORIGEN DEL MAL)

El estudiante debe mantener una separación estricta de las categorías a lo largo del Capítulo 6:

- La autoridad pertenece únicamente a la alineación del pacto
- La influencia opera donde el discernimiento está ausente
- El juicio restringe el alcance, no la memoria ni la herencia
- La transmisión ocurre por linaje y continuidad, no por mandato

El Capítulo 6 no introduce nuevos poderes ni soberanías rivales.
Aclara cómo la corrupción previamente juzgada continúa resonando dentro de la creación sin violar el orden establecido.

## TÉRMINOS CLAVE – SEMANA 22

- Autoridad vs. Influencia – La autoridad es el derecho delegado para gobernar dentro de límites asignados; la influencia es la capacidad de persuadir sin mandato legítimo ni jurisdicción.
- Jurisdicción – La esfera o límite definido dentro del cual la autoridad se ejerce legítimamente, y fuera del cual la acción se vuelve transgresora.
- Alineación Del pacto – El estado de estar ordenado correctamente bajo los mandamientos, propósitos y roles asignados por Yahuah dentro de la estructura del pacto.
- Herencia – Aquello que se recibe legítimamente por asignación o promesa, no lo que se toma por deseo o fuerza.
- Restricción – La limitación intencional de la acción en obediencia a los límites y prohibiciones establecidos por Yahuah.
- Responsabilidad – La obligación de rendir cuentas por acciones tomadas dentro o fuera de la autoridad asignada.
- Contención – El mantenimiento del orden mediante límites impuestos que impiden la propagación o escalamiento de la corrupción.

# *TAREAS DE ESTUDIO*

*Al estudiar el Capítulo 6, identifique cada lugar donde se enfatizan los límites más que las acciones.*

*Para cada sección, pregúntese:*

- *¿Qué no puede ocurrir porque el juicio ya ha sido dictado?*
- ***¿Dónde permanece la responsabilidad humana en lugar de ser externa?***
- ***¿Cómo funciona la obediencia del pacto como condición de límite?***

***Registre observaciones analíticamente. No resuma ni vuelva a contar el capítulo.***

## REFLEXIONES FINALES

La Semana 22 disciplina al estudiante contra la exageración.

El mal no es elevado, dramatizado ni dotado de soberanía que no posee.

La corrupción continua no testifica de poder rival, sino de transmisión no resuelta bajo restricción.

Una lectura correcta preserva la soberanía de Yahuah, salvaguarda la responsabilidad humana y previene la distorsión de Yada Yahuah.

## REFLEXIÓN FINAL

"El temor magnifica lo que la ignorancia malinterpreta."

Reflexiona sobre cómo el desconocimiento de los límites produce temor mal dirigido —y cómo el discernimiento del pacto restaura el orden.

## *CUATRIMESTRE II· MES 2 — SEMANA 23*

# CONOCIMIENTO PROHIBIDO Y LAS DOS SIMIENTES

Discernimiento Bajo Condiciones de Mezcla

### RESULTADOS DEL APRENDIZAJE

Al finalizar esta semana, el estudiante podrá:

- Aplicar razonamiento del pacto a condiciones de mezcla posteriores al juicio
- Hacer la diferencia entre el origen de la corrupción y la transmisión de la corrupción
- Evaluar afirmaciones de conocimiento por autorización y fruto, no por antigüedad u supresión
- Leer el linaje y la identidad sin depender de apariencia o geografía
- Preservar la autoridad asignada resistiendo el juicio o la separación prematura

### PROPÓSITO DE LA SEMANA 23

Las Semanas 21–22 establecieron dos controles críticos:

- la administración celestial opera legalmente
- la rebelión posterior al juicio persiste sin autoridad

La Semana 23 avanza la investigación abordando un problema estructural más profundo:
¿Cómo se reproduce la corrupción —intelectual, generacional y en el pacto— una vez que el juicio ya ha ocurrido?
El propósito de esta semana es entrenar al estudiante a leer el Capítulo 7 como un capítulo metodológico, no como una curiosidad genealógica.
Una vez que la mezcla existe, el discernimiento debe reemplazar a la visibilidad, y los criterios del pacto deben reemplazar la evaluación superficial.

### CUATRIMESTRE II · MES 2 · SEMANA 23 – LECTURA

Lea el Capítulo 7 de El Origen del Mal con atención a clasificación y criterio, no a expansión narrativa.

## EL ESTUDIANTE DEBE LEER BUSCANDO:

- cómo la Escritura define condiciones, no solo eventos
- cómo la evaluación pasa de separación por ubicación a discernimiento por fruto
- cómo el tiempo del juicio gobierna la restricción humana

El Capítulo 7 requiere lectura disciplinada porque establece reglas de interpretación bajo condiciones históricas mixtas.

## EXPLICACIÓN DIDÁCTICA

Este capítulo debe leerse como corrección a la suposición de que el juicio restaura simplicidad.
El estudiante es entrenado para reconocer que la historia posterior al Diluvio opera bajo condiciones superpuestas, donde la corrupción y la fidelidad del pacto coexisten dentro del mismo campo visible.

Como resultado, la identidad ya no puede inferirse confiablemente a partir de:

- afirmaciones de linaje
- aser hijos externa
- proximidad a comunidades del pacto

Observe cómo el capítulo desplaza consistentemente la responsabilidad hacia el discernimiento gobernado por el fruto, mientras restringe la autoridad humana para evaluar, exponer o separar prematuramente.

## ENFOQUE DE ALINEACIÓN — CAPÍTULO 7 (EL ORIGEN DEL MAL)

El estudiante debe preservar los siguientes límites analíticos
al leer el Capítulo 7:

- La corrupción se origina en la transgresión, pero persiste por transmisión
- El conocimiento se juzga por autorización y obediencia, no por preservación o antigüedad
- La mezcla introduce coexistencia, no aprobación

- La separación final es asignada, no delegada a agentes humanos

El Capítulo 7 no autoriza especulación ni identificación impulsada por celo. Impone disciplina del pacto bajo condiciones donde los límites ya no son externamente visibles.

## TÉRMINOS CLAVE – SEMANA 23

- Dos Condiciones – La diferencia entre obediencia y transgresión, bajo la cual se evalúan todas las acciones y resultados del pacto.
- Transmisión – El paso de influencia, conocimiento o corrupción de una parte a otra mediante instrucción, imitación o participación.
- Conocimiento Prohibido – Información o prácticas retenidas por Yahuah porque su posesión o uso viola límites asignados y produce corrupción en lugar de sabiduría.
- Mezcla – La combinación ilícita de aquello que Yahuah ordenó mantener distinto, resultando en distorsión de propósito y naturaleza.
- Autorización Del pacto – El permiso divino explícito que legitima la acción dentro de un rol, oficio o asignación definida.
- Discernimiento por Fruto – La evaluación de veracidad y alineación basada en resultados observables, no en autoridad reclamada o intención declarada.
- Juicio Asignado – La forma específica de consecuencia determinada por Yahuah y aplicada según la naturaleza de la transgresión y el rol del transgresor.

# *TAREAS DE ESTUDIO*

*Produzca una lectura analítica breve (no reflexión devocional) que aborde lo siguiente:*

- ***Explique cómo el conocimiento prohibido puede reingresar a la historia sin un nuevo descenso angelical, usando la lógica del Capítulo 7.***
- ***Identifique cómo el relato de Qeynan funciona como advertencia sobre transmisión, no innovación.***
- ***Defina el discernimiento por fruto como regla metodológica para condiciones mixtas, usando Mattithyâhû 13 como marco rector.***
- ***Explique por qué la separación humana prematura viola la autoridad asignada y el orden del pacto.***

***Mantenga lenguaje controlado y categorías del pacto en todo momento.***

## REFLEXIONES FINALES

La Semana 23 disciplina al estudiante contra la certeza superficial.

una vez que la mezcla se convierte en realidad histórica, la visibilidad deja de ser confiable.

El conocimiento, la identidad y la lealtad deben evaluarse por resultado, autorización y obediencia, no por afirmaciones, proximidad o antigüedad.

El discernimiento ya no es opcional; es la respuesta del pacto requerida en un mundo mezclado.

## REFLEXIÓN FINAL

"El conocimiento sin obediencia se convierte en arma."

Reflexiona sobre cómo la desconexión del orden del pacto transforma la preservación en corrupción.

*CUATRIMESTRE II· MES 2 — SEMANA 24*

# CONSECUENCIAS

Juicio, Contención y Manifestación Histórica

## RESULTADOS DEL APRENDIZAJE

Al finalizar esta semana, el estudiante podrá:

- Explicar por qué el juicio divino sigue a la plenitud de la corrupción como contención y no como crueldad
- Hacer la diferencia entre el reduccionismo moral de categorías del pacto como límite, linaje e irreversibilidad
- Identificar cómo la corrupción a nivel de los Vigilantes se re-manifiesta históricamente después de juicios previos
- Trazar cómo la rebelión persiste mediante la transmisión del conocimiento y de patrones domésticos
- Preservar la justicia de Yahuah separando la causa (rebelión) de la respuesta (juicio)

## PROPÓSITO DE LA SEMANA 24

Las Semanas 21–23 establecieron el orden celestial lícito, la persistencia posterior al juicio sin autoridad, y la condición mixta de la humanidad después de Babel.

La Semana 24 completa el Mes 2 entrenando al estudiante para leer resultados, no únicamente acciones.
La pregunta central abordada no es si el juicio ocurre, sino por qué ocurre cuando ocurre:
Cuando la corrupción regresa después de un juicio previo, ¿cómo muestran las Escrituras que Yahuah responde—y sobre qué base del pacto?
El propósito de esta semana es impedir que el estudiante interprete el juicio como inestabilidad, exceso o reacción moral. El Capítulo 8 requiere una lectura disciplinada que entienda el juicio como contención de una amenaza contra la creación.

## CUATRIMESTRE II - MES 2 - SEMANA 24 - LECTURA

Lee el Capítulo 8 de El origen del mal con atención a los puntos de inflexión y a los resultados, no a conductas aisladas.

El estudiante debe resistir lecturas que:

- reduzcan el juicio a actos individuales o categorías morales modernas, o
- presenten la respuesta divina como impulsiva o guiada por emoción.

En su lugar, lean buscando:

- cómo la Escritura identifica la plenitud como condición,
- cómo la investigación precede al decreto, y
- cómo el juicio funciona para limitar una propagación adicional.

El Capítulo 8 debe leerse como un estudio de caso en consecuencia, no como una fábula moral.

## EXPLICACIÓN DIDÁCTICA

Este capítulo entrena al estudiante para reconocer que el juicio en las Escrituras a menudo es activado no por una transgresión aislada, sino por una concentración sistémica de corrupción.

Observe cómo la estructura narrativa enfatiza:

- evaluación antes de acción,
- divulgación del pacto en lugar de secreto, y
- eliminación de una población como medio para preservar la creación.

El estudiante también debe notar que el juicio no borra memoria, hábito ni desorden aprendido. Por lo tanto, el Capítulo 8 requiere atención al después, mostrando cómo los patrones corrompidos pueden persistir incluso después de una liberación física.

**Enfoque de Alineación del Capítulo 8 (El Origen del Mal)**

Mientras lee el Capítulo 8, el estudiante debe preservar los siguientes controles del Mes 2:

- El juicio responde a la irreversibilidad, no a la mera prevalencia
- La contención protege la creación; no origina el mal
- La violación de límites apunta al orden creado, no solo a la ética
- La consecuencia puede extenderse por casa y linaje, no solo por ubicación
- La corrupción de los Vigilantes persiste principalmente mediante misterios transmitidos, no por un descenso renovado

El Capítulo 8 no contradice juicios anteriores; demuestra cómo la corrupción se re-concentra y cómo las Escrituras responden consistentemente.

## TÉRMINOS CLAVE – SEMANA 24

- Plenitud (de corrupción): un momento donde la corrupción se vuelve concentrada, normalizada y autosostenible
- Contención: limitación o eliminación divina diseñada para preservar la creación
- Violación de Límites: ataque a ámbitos, uniones o actos prohibidos que corrompen el orden
- Juicio Decretivo: juicio establecido contra un resultado corrupto perdurable
- Legado de los Vigilantes: corrupción transmitida mediante enseñanzas ocultas y misterios

# *TAREAS DE ESTUDIO*

*Pausa tu lectura y completa lo siguiente usando únicamente categorías del pacto:*

***De Génesis 18–19 y Jubileos 16, identifica indicadores de plenitud más que de pecado aislado.***

***Explica por qué la destrucción funciona como contención de la corrupción, no como mal moral en Yahuah.***

***Usando Enoc 10:7 y 16:3, explica cómo las enseñanzas transmitidas operan como un mecanismo perdurable de corrupción después de juicios mayores.***

***No resumas eventos narrativos. Analiza condiciones y respuestas.***

## REFLEXIONES FINALES

La Semana 24 requiere que el estudiante lea el juicio con precisión del pacto. Sodoma y Gomorra son presentadas como un resultado, no como una anomalía. Cuando la corrupción se reorganiza como desafío colectivo y no queda remanente, el juicio funciona como restricción. Al estudiante no se le permite interpretar esto como crueldad divina o inestabilidad. Se presenta como preservación de la creación cuando el orden del pacto ya no puede rehabilitar lo que se ha vuelto irreversible.

## REFLEXIÓN FINAL

"El juicio restringe lo que el orden del pacto no puede rehabilitar."

Reflexiona sobre cómo la restricción preserva la creación cuando la restauración ya no es posible.

*CUATRIMESTRE II · MES 2*
*REFUERZO A REALIZAR (SEMANAS 21–24)*

# PROPÓSITO

Esta sección refuerza los fundamentos centrales del Mes 2. Si algún principio a continuación no está claro, el estudiante debe regresar a la semana correspondiente antes de continuar.

## EL ORDEN CELESTIAL ES ASIGNADO Y RESPONSABLE (SEMANA 21)

- Los seres celestiales operan bajo autoridad delegada, asignación y límites
- La responsabilidad presupone jurisdicción, restricción y transgresión medible

## LA REBELIÓN ES VIOLACIÓN DE LÍMITES (SEMANA 22)

- Los Vigilantes transgredieron con conocimiento y deliberación
- La intención, el juramento y el conocimiento previo distinguen la rebelión de la ignorancia, la metáfora o el simbolismo

## EL CONOCIMIENTO PROHIBIDO PROPAGA CORRUPCIÓN (SEMANA 23)

- El conocimiento debe evaluarse por autorización y fruto, no por antigüedad o sofisticación
- La transmisión ilícita acelera el engaño, el desorden y la corrupción a largo plazo

## EL JUICIO FUNCIONA COMO CONTENCIÓN (SEMANA 24)

- El juicio sigue a la plenitud de la corrupción, no al fracaso aislado
- La contención preserva la creación y restringe una propagación adicional de destrucción

## PRINCIPIO FUNDAMENTAL ACUMULATIVO DEL MES 2

La rebelión celestial viola el orden asignado; el conocimiento ilícito propaga corrupción; el juicio restringe la corrupción para preservar la creación.

## ACCIÓN ESTUDIANTIL OBLIGATORIA (ANTES DEL MES 3)

- Re-leer cualquier semana donde permanezca confusión
- Preservar las categorías en las Escrituras: orden, rebelión, conocimiento, contención
- No colapsar el juicio en mal moral ni atribuir corrupción a Yahuah

## ALINEACIÓN DE EVALUACIÓN – CUATRIMESTRE II · MES 2

- La Semana 21 establece orden celestial, asignación y responsabilidad
- La Semana 22 define la rebelión como violación de límites y abuso de autoridad
- La Semana 23 explica cómo la corrupción se propaga mediante transmisión ilícita de conocimiento
- La Semana 24 demuestra el juicio como contención mediante manifestación histórica y consecuencia

Los estudiantes deben integrar las cuatro dimensiones—orden, rebelión, transmisión y contención—en una explicación de las Escrituras coherente que preserve el carácter de Yahuah.

## ENSAYO DEL MES 2 – CUATRIMESTRE II - MES 2

Evaluación de Nivel Licenciatura

Cantidad de palabras: 2,000–2,500

Tema

Explica cómo el orden celestial y los límites asignados establecen responsabilidad en el ámbito celestial. Define el pecado de los Vigilantes como rebelión de las Escrituras en lugar de simbolismo, y demuestra cómo la transmisión ilícita de conocimiento acelera la corrupción a lo largo de la historia humana. Concluye explicando cómo el juicio funciona como contención en lugar de mal moral, preservando así el carácter de Yahuah.

## CRITERIOS DE EVALUACIÓN

- La Precisión de categorías en las Escrituras (orden, rebelión, corrupción, juicio)
- El Progreso lógico respaldado por los textos asignados
- El Razonamiento del pacto con uso disciplinado de testigos en las Escrituras y del Segundo Templo
- La Ausencia de especulación filosófica
- La Preservación de la pureza moral de Yahuah y de la integridad del pacto

# *TÉRMINO II· MES 3*

## ORIENTACIÓN ACADÉMICA – TÉRMINO II · MES 3

El Mes 3 avanza el estudio a nivel Licenciatura desde la rebelión celestial (Mes 2) hacia las consecuencias de esa rebelión dentro del orden creado. El enfoque cambia de la autoridad y el juicio en el ámbito celestial a la violación de límites dentro de la creación misma—específicamente especies (kinds), hibridación, linaje nefelinos y el Diluvio como un acto de preservación.
Los estudiantes deben preservar las categorías en las Escrituras de especies, límites, corrupción y contención mientras rastrean cómo la rebelión se mueve del cielo a la carne, persiste por linaje e historia, y reaparece después del juicio bajo condiciones alteradas.

Este módulo asume dominio de Término II · Meses 1–2, especialmente:

- Yahuah no es la fuente del mal moral ni estructural
- El juicio funciona como contención y preservación, no como crueldad
- La rebelión es medible porque el orden y los límites son reales
- La transmisión ilícita (sea autoridad, semilla o conocimiento) acelera la corrupción

## SE ESPERA QUE LOS ESTUDIANTES:

- Demuestren que las "especies" y la separación son principios de creación establecidos por Yahuah
- Identifiquen la hibridación como violación de límites expresada en la carne, no como simbolismo o metáfora
- Establezcan la identidad nefelina como una categoría doctrinal histórica usando los testigos en las Escrituras asignados
- Expliquen el Diluvio como preservación de la creación frente a la corrupción irreversible
- Rastren cómo la corrupción reaparece después del Diluvio mediante espíritus, engaño y sistemas preservados en lugar de una hibridación renovada

Todas las afirmaciones deben estar gobernadas por las lecturas asignadas y el razonamiento de las Escrituras, no por especulación filosófica ni por sistemas posteriores de Yada Yahuah.

## VISIÓN GENERAL DEL MÓDULO

Hibridación, los Nefelinos y el Juicio de Contención **(El Origen del Mal — Capítulos 9–12)**

Este módulo continúa el progreso de El Origen del Mal examinando la hibridación como el mecanismo principal mediante el cual la corrupción entró en el orden creado. El Mes 3 se basa directamente en el estudio de los Vigilantes al demostrar las consecuencias biológicas, del pacto e históricas de la violación de límites.

Los estudiantes aprenderán por qué los Nefelinos no son figuras simbólicas ni exageraciones literarias, sino una categoría doctrinal real que resulta de una mezcla ilícita. Esta corrupción alcanzó un nivel que requirió juicio global—no para castigar a la humanidad emocionalmente, sino para preservar la creación estructuralmente.

Este mes también explica por qué la corrupción no terminó con el Diluvio y por qué, después de la contención, la rebelión reaparece en forma alterada—mediante espíritus, doctrinas, sistemas y oposición al pacto de Yahuah.

Al final de este mes, el estudiante entenderá que:

- La creación fue establecida con especies fijas y límites
- La hibridación viola el orden divino y corrompe la carne
- Los Nefelinos resultan de mezcla ilícita, no de mito
- El Diluvio fue un acto necesario de contención y preservación
- La corrupción reaparece post-Diluvio mediante linajes nefelinos sobreviviente y mezcla renovada con la humanidad.

Este mes establece el marco necesario para interpretar material de las Escrituras posterior que involucran Gigantes (Nefelinos), guerra, narrativas de conquista y límites de restauración sin colapsar el juicio en crueldad o simbolismo.

Continuidad Metodológica — Límites, Especies, Corrupción y Contención
Este módulo continúa la metodología Escritura-primero establecida en Término II · Meses 1–2. Todo el material del Mes 3 está gobernado por los siguientes principios:

- El Orden de la Creación Incluye Especies y Separación

"Especies" y límites se tratan como diseño divino incrustado en la creación, no como conceptos culturales o metáforas.

- La Hibridación Es Corrupción, No Diversidad

La mezcla que viola límites divinos se presenta como desorden que se propaga a la carne, al linaje y a la historia del pacto.

- Los Nefelinos Son una Categoría Doctrinal con Continuidad Histórica

Los Nefelinos se tratan como seres encarnados producidos por unión ilícita, con continuidad post-Diluvio demostrada en las Escrituras.

- El Juicio Preserva la Creación Cuando la Corrupción se Vuelve Irreversible

El Diluvio se interpreta como contención y preservación de la creación, no como reacción emocional o exceso moral.

- La Corrupción Post-Juicio Debe Rastrearse por Capacidad de actuar, Linaje y Fruto

Después del Diluvio, la corrupción reaparece mediante mezcla de linajes nefelinos sobrevivientes, espíritus sin cuerpo, engaño y estructuras rebeldes preservadas; por lo tanto, los estudiantes deben rastrear la corrupción por capacidad de actuar, linaje y fruto en lugar de asumir erradicación por el juicio solamente.

Estos principios gobiernan todas las lecturas, explicaciones de Enseñanzas, tareas de estudio y evaluaciones en Término II · Mes 3.

## COBERTURA DE CAPÍTULOS

### El Origen del Mal — Capítulos 9–12

- Capítulo 9 — Enseñanzas de los Vigilantes (Los misterios revelados por los caídos: magia, guerra, los cielos y la raíz del ocultismo humano)
- Capítulo 10 — Gigantes (Nefelinos) en los días de Dâwid (La guerra final entre los siervos de Yahuah y los descendientes de los Gigantes (Nefelinos))
- Capítulo 11 — Remanente de los Nefelinos en tiempos del Nuevo Testamento (La infiltración del linaje maldito en la era apostólica)
- Capítulo 12 — Demonios (Nefelinos) en el Nuevo Testamento (Evidencia del linaje caído operando bajo el disfraz de posesión y enfermedad)

## RESULTADOS DEL APRENDIZAJE DEL MÓDULO – TÉRMINO II · MES 3

- Al final de Término II · Mes 3, los estudiantes deberán ser capaces de:
- Demostrar por las Escrituras que la creación está establecida con especies, separación y límites
- Definir la hibridación como violación de límites que produce corrupción en la carne
- Establecer la identidad de los nefelinos y la continuidad post-Diluvio usando lecturas asignadas y testimonio canónico
- Explicar por qué el Diluvio funcionó como contención y preservación más que como crueldad
- Rastrear cómo la corrupción reaparece después del Diluvio mediante mezcla de linaje nefelinos sobreviviente, espíritus sin cuerpo, engaño y sistemas rebeldes preservados.
- Hacer la diferencia entre la corrupción pre-Diluvio expresada mediante carne híbrida y la corrupción post-Diluvio sostenida mediante linaje nefelinos sobreviviente, espíritus sin cuerpo y estructuras sistémicas.

El dominio se demuestra mediante citas precisas de los textos asignados, razonamiento del pacto coherente y preservación disciplinada de las categorías en las Escrituras.

*TÉRMINO II· MES 3 — SEMANA 25*

# HIBRIDACIÓN DEL CONOCIMIENTO

Instrucción Prohibida y Colapso de Límites

## RESULTADOS DEL APRENDIZAJE

Al finalizar esta semana, el estudiante podrá:

- Hacer la diferencia del conocimiento divinamente autorizado de la instrucción prohibida
- Explicar por qué las enseñanzas de los Vigilantes constituyen violación de límites, no avance neutral
- Identificar cómo el conocimiento ilícito corrompe la cultura, la guerra, la medicina y la adoración
- Demostrar que los sistemas ocultistas se originan en la transmisión de los Vigilantes, no en el descubrimiento humano
- Rastrear cómo la hibridación de la enseñanza precede y hace necesario el juicio.

## PROPÓSITO DE LA SEMANA 25

El Mes 2 estableció que la rebelión viola la autoridad asignada y que el juicio funciona como contención. El Mes 3 ahora examina cómo la corrupción se incrusta dentro de la civilización.

La Semana 25 se enfoca en la instrucción más que en los seres.

La Escritura no presenta la transgresión de los Vigilantes como rebelión física únicamente. Su violación más duradera fue la instrucción sin autorización—la transferencia de misterios preservados en el cielo hacia la administración humana.

El propósito de esta semana es entrenar al estudiante para reconocer que la hibridación no se limita a linajes de sangre. También ocurre cuando el conocimiento cruza límites prohibidos, remodelando la cultura y la lealtad de maneras que persisten mucho después de la rebelión original.

## TÉRMINO II - MES 3 - SEMANA 25 - LECTURA

Lea el Capítulo 9 de El Origen del Mal con atención al origen y la autorización, no a la utilidad o sofisticación.

El estudiante debe resistir evaluar prácticas por:

- beneficio tecnológico,
- antigüedad, o
- normalización cultural.

En su lugar, lea buscando:

- dónde se origina el conocimiento,
- si fue retenido para protección, y
- cómo las Escrituras tratan la instrucción desligada de la obediencia.

El Capítulo 9 debe abordarse como una genealogía de corrupción, no como un catálogo de habilidades.

## EXPLICACIÓN DIDÁCTICA

Este capítulo requiere una lectura disciplinada porque replantea el progreso mismo como una pregunta del pacto.
Mientras el estudiante lee, observe cómo la Escritura juzga consistentemente el conocimiento no solo por el resultado, sino por el cruce de límites. La instrucción se vuelve corrupta cuando transfiere lo que fue preservado en el cielo a manos humanas sin autorización.
El capítulo establece una regla de interpretación central:
El conocimiento separado de la obediencia no permanece neutral—reconfigura deseo, lealtad y adoración.
La instrucción de los Vigilantes produce una forma secundaria de hibridación: la fusión de misterios celestiales con intención corrompida. El resultado no es sabiduría, sino distorsión.

**Enfoque de Alineación del Capítulo 9 (El Origen del Mal)**
Mientras lee el Capítulo 9, el estudiante debe preservar las siguientes distinciones:

- No todo conocimiento es igual; la autorización gobierna la veracidad
- La instrucción prohibida constituye rebelión, no descubrimiento
- Los sistemas culturales pueden cargar corrupción heredada
- La utilidad no santifica el origen
- El juicio sigue al colapso de la enseñanza, no a la ignorancia

El Capítulo 9 no requiere que el estudiante enumere prácticas exhaustivamente. Entrena al estudiante para reconocer las huellas de la instrucción no autorizada a través de las Escrituras y la historia.

## TÉRMINOS CLAVE – SEMANA 25

- Conocimiento Prohibido: instrucción transmitida fuera de la autorización divina
- Hibridación (De Enseñanza): fusión ilícita de misterios celestiales con la cultura humana
- Sistemas Ocultistas: marcos originados en la transmisión de los Vigilantes, marcados por secreto y control
- Autorización: permiso divino que determina si el conocimiento preserva o corrompe la creación

# *TAREAS DE ESTUDIO*

*Involucra directamente a los testigos en las Escrituras y completa lo siguiente analíticamente:*

***Identifica dos enseñanzas de los Vigilantes y explica por qué el origen, no la utilidad, las vuelve corruptas.***

***Explica cómo el conocimiento prohibido representa violación de límites más que habilidad neutral.***

***Demuestra por qué las Escrituras tratan la sabiduría ocultista como rebelión contra la confianza en el gobierno de Yahuah.***

***Mantén las categorías del pacto. Evita justificaciones morales o tecnológicas modernas.***

## REFLEXIONES FINALES

La Semana 25 disciplina al estudiante contra equiparar conocimiento con progreso. La Escritura presenta la corrupción no como ignorancia, sino como conocer sin autorización—verdad arrebatada en lugar de confiada.

Las civilizaciones no caen primero por inmoralidad, sino por instrucción que enseña a los humanos a cruzar límites que nunca debieron acercar.

## REFLEXIÓN FINAL

"La sabiduría sometida preserva la vida; el conocimiento arrebatado la destruye."

Reflexiona sobre cómo la sumisión gobierna, si el conocimiento sana o corrompe.

## *TÉRMINO II· MES 3 — SEMANA 26*
# LOS NEFELINOS

Identidad, Origen y Continuidad Histórica

### RESULTADOS DEL APRENDIZAJE

Al finalizar esta semana, el estudiante podrá:

- Demostrar que los Nefelinos constituyen una categoría de las Escrituras continua, no una anomalía previa al Diluvio
- Identificar a los Gigantes (Nefelinos) en el registro histórico como descendientes de linajes corrompidos
- Explicar por qué los conflictos que involucran a los Gigantes (Nefelinos) se enmarcan como necesidad del pacto, no como agresión étnica
- Hacer la diferencia entre lecturas metafóricas de la continuidad genealógica y del texto
- Integrar la presencia de los Nefelinos dentro del marco más amplio de hibridación, rebelión y contención

### PROPÓSITO DE LA SEMANA 26

La Semana 26 exige que el estudiante confronte un fracaso de interpretación persistente: la suposición de que los Nefelinos desaparecen después del Diluvio. Habiendo establecido en la Semana 25 que la corrupción se incrusta mediante instrucción no autorizada, las Escrituras ahora obliga a atender la persistencia encarnada. El Capítulo 10 demuestra que la rebelión no permanece abstracta ni ideológica. Busca continuidad mediante la carne, linaje, geografía y poder.
El propósito de esta semana no es sensacionalizar a los Gigantes (Nefelinos), sino restaurar la coherencia de las Escrituras leyendo los conflictos posteriores como el desarrollo de violaciones de límites anteriores.

## TÉRMINO II - MES 3 - SEMANA 26 - LECTURA

Lea el Capítulo 10 de El Origen del Mal con atención a la continuidad y la clasificación, no a episodios aislados.

## EL ESTUDIANTE DEBE RESISTIR:

- El reduccionismo simbólico,
- Las explicaciones mitologizantes, o
- Las lecturas que separan los textos posteriores de los marcos genealógicos anteriores.

## EN SU LUGAR, LEA BUSCANDO:

- cómo se preservan nombres, ubicaciones y linajes,
- cómo los conflictos reaparecen de manera pautada, y
- cómo las Escrituras tratan consistentemente a los Gigantes (Nefelinos) como poblaciones identificables, no como recursos literarios.

El Capítulo 10 debe leerse como un registro histórico, no como una alegoría.

Este capítulo entrena al estudiante para reconocer que las Escrituras mantienen memoria a través de generaciones.

## OBSERVE CÓMO LOS GIGANTES (NEFELINOS) APARECEN:

- vinculados a pueblos específicos,
- asociados con territorios definidos, y
- enfrentados mediante acción dirigida en lugar de juicio generalizado.

El estudiante debe aprender que las guerras que involucran a los Gigantes (Nefelinos) no se presentan como violencia expansionista ni como temor a la diferencia. Se presentan como actos de contención, consistentes con juicios anteriores contra la creación corrompida.

El Capítulo 10, por lo tanto, refuerza una regla rectora de este curso:
Cuando la corrupción sobrevive al juicio, el juicio reaparece en la historia.

**Enfoque de Alineación con el Capítulo 10 (El Origen del Mal)**
Mientras lee el Capítulo 10, el estudiante debe preservar los siguientes controles:

- La identidad de los nefelinos es genealógica, no simbólica
- Los clanes de los gigantes se tratan como poblaciones históricas
- La guerra contra ellos sirve a la preservación del pacto, no al nacionalismo
- Su erradicación se alinea con juicios anteriores de contención
- La eliminación física aborda corrupción encarnada, no solo ideología

El Capítulo 10 impide que el estudiante colapse la continuidad en metáfora y preserva la integridad del testimonio de las Escrituras.

## TÉRMINOS CLAVE – SEMANA 26

- Nefelinos: seres híbridos originados por uniones ilícitas Vigilante–humano
- Gigantes (Nefelinos): descendientes encarnados de linajes de sangre nefelinos
- Linaje: transmisión de corrupción mediante carne y genealogía
- Contención: eliminación del pacto de rebelión encarnada

# *TAREAS DE ESTUDIO*

*Involucra directamente a los testigos en las Escrituras asignadas. No especules más allá de ellos.*

***Explica por qué las Escrituras tratan a los Gigantes (Nefelinos) como seres históricos en lugar de exageraciones simbólicas.***

***Rastrea la persistencia del linaje nefelino después del Diluvio usando al menos dos testigos en las Escrituras.***

***Explica por qué la derrota de los Gigantes (Nefelinos) bajo Dâwid se enmarca como necesidad del pacto, no como conflicto étnico.***

***Mantén las categorías jurídicas y del pacto en todo momento.***

## REFLEXIONES FINALES

La Semana 26 disciplina al estudiante contra la abstracción. Las Escrituras registran la derrota de los Gigantes (Nefelinos) no para glorificar la violencia, sino para testificar que la corrupción que entra en la carne debe abordarse dentro de la historia.

La rebelión busca continuidad mediante cuerpos y poder. El orden del pacto responde con restricción, juicio y eliminación—preservando la creación donde la corrupción ha tomado forma.

## REFLEXIÓN FINAL

"Cuando la rebelión toma forma, la historia debe responder."

Reflexiona sobre cómo la corrupción encarnada exige una respuesta correcta del pacto.

## *TÉRMINO II· MES 3 — SEMANA 27*

# EL DILUVIO Y SUS CONSECUENCIAS

Juicio Más Allá del Perdón

### RESULTADOS DEL APRENDIZAJE

Al finalizar esta semana, el estudiante podrá:

- Explicar por qué el Diluvio abordó una corrupción que el perdón por sí solo no podía sanar
- Hacer la diferencia entre el juicio como preservación de un castigo emocional o de retaliación
- Identificar indicadores en las Escrituras de corrupción remanente post-Diluvio
- Demostrar cómo el liderazgo del Segundo Templo refleja la continuidad del linaje, no religiosidad neutral
- Explicar por qué Yahusha y Yôchânân confrontan el origen y el linaje, no solo la conducta

### PROPÓSITO DE LA SEMANA 27

La Semana 27 replantea el Diluvio como un acto medido de preservación, no como un fracaso de la misericordia.

Las Escrituras enseñan consistentemente que, aunque la transgresión moral puede ser perdonada, la corrupción que altera el orden creado, la carne y las estructuras de autoridad no puede simplemente absolverse. El Capítulo 11, por lo tanto, aborda la pregunta necesaria de Yada Yahuah:

Si el Diluvio destruyó la carne corrompida, ¿por qué las Escrituras aún confrontan el linaje demoníaco y de rebelión en la era del Nuevo Testamento?

El propósito de esta semana es entrenar al estudiante para reconocer que el Diluvio funcionó como contención, no como erradicación final. El juicio restringió la corrupción hasta el tiempo señalado en que la confrontación, la exposición y la separación pudieran ocurrir dentro de la historia.

## TÉRMINO II - MES 3 - SEMANA 27 - LECTURA

Lea el Capítulo 11 con atención a la continuidad más que a la ruptura.

El estudiante debe resistir lecturas que:

- aislan el Diluvio como un evento cerrado, o
- tratan las confrontaciones del Nuevo Testamento como exageración retórica.

En su lugar, lean buscando:

- cómo persisten los nombres, los linajes y las estructuras de autoridad,
- cómo la corrupción reaparece en forma institucional y religiosa, y
- cómo las Escrituras preservan la memoria a través de los Testamentos.

El Capítulo 11 debe leerse como un texto transitorio entre Bereshith y los Evangelios.

## EXPLICACIÓN DIDÁCTICA

Este capítulo entrena al estudiante para reconocer que el juicio restringe la corrupción sin concluir todavía el conflicto.
Mientras el estudiante lee, observe cómo las Escrituras distinguen entre:

- perdón (que restaura relación), y
- juicio (que preserva la creación cuando la corrupción se vuelve estructural).

El Capítulo 11 requiere atención a cómo la historia post-Diluvio incluye:

- linajes que resurgen,
- sistemas de autoridad heredados, y
- estructuras religiosas que parecen legítimas mientras cargan origen corrompido.

Esto explica por qué Yahusha y Yôchânân no tratan al liderazgo del Segundo Templo meramente como equivocado o inmoral, sino como una generación—término que señala origen, herencia y continuidad.

**Enfoque de Alineación del Capítulo 11 (El Origen del Mal)**
Mientras lee el Capítulo 11, el estudiante debe preservar los siguientes controles:

- El Diluvio juzgó corrupción biológica y estructural, no solo debilidad moral
- La corrupción remanente persiste mediante líneas de sangre, nombres, linaje y autoridad, no por caos
- El liderazgo del Segundo Templo refleja continuidad usurpada, no fidelidad del pacto
- El lenguaje de confrontación en los Evangelios es genealógico y jurídico, no insulto retórico

El juicio restringe la corrupción mientras espera resolución final
El Capítulo 11 preserva la coherencia de las Escrituras al demostrar que las categorías de Bereshith siguen operando en la era apostólica.

## TÉRMINOS CLAVE – SEMANA 27

- Diluvio: juicio global diseñado para limpiar la creación de corrupción irreversible
- Contención: restricción divina que limita la propagación mientras pospone la erradicación final
- Corrupción Remanente: linaje o influencia residual que sobrevive al juicio
- Confrontación Genealógica: abordar el origen más que solo la conducta

# *TAREAS DE ESTUDIO*

*Detén tu lectura e involucra directamente los textos asignados:*

***• Explica por qué el perdón por sí solo no podía abordar la corrupción pre-Diluvio.***

***• Identifica al menos dos indicadores en las Escrituras de corrupción remanente post-Diluvio.***

***• Demuestra cómo el lenguaje de Yahusha y de Yôchânân apunta al linaje y origen, no a actos aislados.***

***Escribe analíticamente, no en forma devocional.***

## REFLEXIONES FINALES

La Semana 27 disciplina al estudiante contra lecturas sentimentales de la misericordia. La Escritura presenta juicio y misericordia como complementarios, no contradictorios.

El Diluvio no fracasó.

Preservó la creación al restringir la corrupción hasta que la redención pudiera confrontarla plenamente en la historia.

## REFLEXIÓN FINAL

"La preservación no es indulgencia; la restricción no es crueldad."

Reflexiona sobre cómo el juicio protege la creación donde la misericordia por sí sola no puede restaurar el orden.

## *TÉRMINO II· MES 3 — SEMANA 28*

# DESPUÉS DEL DILUVIO

El Retorno de la Corrupción

## RESULTADOS DEL APRENDIZAJE

Al finalizar esta semana, el estudiante podrá:

- Explicar por qué la corrupción post-Diluvio reaparece sin contradecir el juicio
- Hacer la diferencia entre la hibridación física de la continuación espiritual e institucional
- Identificar cómo opera la actividad demoníaca bajo condiciones post-juicio alteradas
- Demostrar que las confrontaciones del Nuevo Testamento presuponen corrupción continua, no anomalía
- Preservar la responsabilidad del pacto reconociendo la persistencia demoníaca bajo restricción

## PROPÓSITO DE LA SEMANA 28

La Semana 28 aborda una tensión de Yada Yahuah que surge de forma natural después del Diluvio:

Si el juicio limpió la Tierra, ¿por qué reaparece la corrupción en las Escrituras posterior—especialmente en el Nuevo Testamento?

El Capítulo 12 responde esta pregunta exigiendo que el estudiante abandone la suposición de que el juicio equivale a erradicación total. El Diluvio restringió la corrupción a nivel de la carne, pero las Escrituras testifican que la rebelión reaparece bajo nuevas formas.

El propósito de esta semana es entrenar al estudiante a reconocer que la corrupción post-Diluvio continúa mediante linajes nefelinos sobreviviente, espíritus, doctrinas y sistemas, en lugar de una nueva hibridación masiva a gran escala.

## TÉRMINO II - MES 3 - SEMANA 28 - LECTURA

Lea el Capítulo 12 con atención al modo de operación, no al escalamiento.

El estudiante debe resistir lecturas que:

- asuman que la actividad demoníaca indica fracaso del juicio, o
- colapsen los encuentros del Nuevo Testamento en metáfora o formación.

En su lugar, lea buscando:

- cómo se adapta la corrupción después de la restricción,
- cómo se mantienen la autoridad y la limitación, y
- cómo las Escrituras categorizan la actividad sin exagerar el poder.

El Capítulo 12 debe leerse como un mapa operativo post-juicio, no como un catálogo de amenazas.

## EXPLICACIÓN DIDÁCTICA

Este capítulo entrena al estudiante para reconocer cambio estructural sin cambio doctrinal.

Después del Diluvio:

- la corrupción ya no avanza principalmente mediante hibridación encarnada,
- sino mediante espíritus desencarnados, falsa instrucción e idolatría institucionalizada.

El estudiante debe observar cómo las Escrituras presentan consistentemente a estos espíritus como:

- identificables,
- enfrentables, y
- subordinados a la autoridad divina.

Es igualmente importante reconocer que los sistemas—religiosos, económicos e ideológicos—pueden funcionar como contenedores de influencia demoníaca, permitiendo que la corrupción persista culturalmente incluso donde la rebelión abierta está restringida.

**Enfoque de Alineación con el Capítulo 12 (El Origen del Mal)**
Mientras lee el Capítulo 12, el estudiante debe preservar las siguientes distinciones:

- El juicio restringe el método, no la responsabilidad moral
- La actividad demoníaca continúa bajo limitación, no autonomía
- La Posesión, enfermedad y engaño reemplazan la hibridación física
- La idolatría se disfraza como cultura, economía o ideología
- La obediencia del pacto permanece como el límite decisivo

El Capítulo 12 no reintroduce condiciones pre-Diluvio; explica cómo la corrupción sobrevive después del juicio sin violar el orden.

## TÉRMINOS CLAVE – SEMANA 28

- Corrupción Post-Diluvio: reaparición del desorden mediante linaje, espíritus, engaño y sistemas
- Espíritus Demoníacos: remanentes desencarnados que operan por influencia más que por carne
- Idolatría: adoración a demonios disfrazados como dioses, ideologías o instituciones
- Contención: restricción divina que limita la propagación preservando la capacidad de actuar
- Reaparición: retorno de la rebelión bajo nuevas formas después del juicio

# *TAREAS DE ESTUDIO*

*Involucra directamente a los testigos en las Escrituras y responde analíticamente:*

***• Identifica evidencias de las Escrituras de que la actividad demoníaca continúa después del Diluvio bajo condiciones alteradas.***

***• Explica cómo la corrupción post-Diluvio difiere estructuralmente de la hibridación pre-Diluvio.***

***No resumas episodios. Analiza patrones, límites y respuestas del pacto.***

## REFLEXIONES FINALES

La Semana 28 disciplina al estudiante contra la suposición de que el juicio elimina la vigilancia.

El Diluvio probó que Yahuah interviene cuando la corrupción amenaza la creación.

El Nuevo Testamento prueba que el discernimiento, la obediencia y los límites del pacto siguen siendo necesarios después.

El juicio restringe el mal; la fidelidad impide su retorno.

## REFLEXIÓN FINAL

"La restauración requiere que los límites permanezcan intactos."

Reflexiona sobre cómo los límites del pacto preservan la restauración en un mundo restringido pero disputado.

# *TÉRMINO II· MES 3 — REFUERZO A REALIZAR* (SEMANAS 25-28)

## PROPÓSITO

Esta sección refuerza los fundamentos centrales del Mes 3.
Si algún principio a continuación no está claro, el estudiante debe regresar a la semana correspondiente antes de proceder.

- Los Límites y las Especies Son Diseño Divino (Semana 25)

La creación está ordenada "según sus especies" como un acto deliberado de separación divina
La mezcla que viola los límites asignados divinamente se trata como corrupción, no como diversidad

- Los Nefelinos Son Históricos y Continuos (Semana 26)

La identidad nefelina está fundamentada en el testimonio de las Escrituras y los testigos canónicos asignados
Los clanes de gigantes post-Diluvio demuestran continuidad de linajes anómalos más que anomalías aisladas

- El Diluvio Fue Preservación Mediante Contención (Semana 27)

El Diluvio aborda la corrupción irreversible que el perdón por sí solo no puede resolver
El juicio restringe la corrupción, pero no concluye el conflicto celestial

- La Corrupción Reaparece Después del Juicio (Semana 28)

La corrupción post-Diluvio persiste mediante espíritus, engaño, idolatría e influencia sistémica
El discernimiento y la obediencia siguen siendo requeridos después de que la contención es ejecutada

## PRINCIPIO FUNDAMENTAL ACUMULATIVO DEL MES 3

La hibridación viola los límites divinos, produce corrupción nefelina en la carne y requiere juicio de contención; después de la contención, la corrupción reaparece mediante linaje, espíritus y sistemas hasta el juicio final.

## ACCIÓN OBLIGATORIA DEL ESTUDIANTE (ANTES DEL MES 4)

- Relee cualquier semana donde falte claridad conceptual
- Preserva las categorías en las Escrituras: especies, límite, hibridación, corrupción, contención
- No colapses el juicio en mal moral o reacción emocional
-

## TÉRMINO II - MES 4

Orientación Académica — Término II · Mes 4

El Término II · Mes 4 completa El Origen del Mal y sirve como la fase final de instrucción y evaluación de la Etapa II (Formación a Nivel Licenciatura). Este mes está diseñado para llevar a los estudiantes desde la adquisición doctrinal estructurada hacia la síntesis disciplinada, culminando en una única entrega integrada de calificación al final del mes.

A diferencia de los meses anteriores, el Mes 4 enfatiza la aplicación, el trazado y la integración en lugar de la introducción de nuevas categorías doctrinales. La instrucción continúa durante las Semanas 29–31, donde los estudiantes interactúan con los capítulos finales de El Origen del Mal, seguidos por la evaluación formal de calificación en la Semana 32.

Este módulo asume dominio demostrado de los Términos II · Meses 1–3, especialmente:

- Yahuah no es la fuente del mal moral
- El juicio funciona como contención y preservación
- La corrupción entra en la creación mediante violación de límites e hibridación
- El mal persiste después del juicio mediante espíritus, sistemas y engaño de patrón Babel

## ANTICIPACIÓN DEL ESTUDIANTE – MES 4

Durante las Semanas 29–31, se espera que los estudiantes:

- Integren todo el marco del Término II sin contradicción doctrinal
- Tracen la persistencia del mal después del juicio por capacidad de actuar, mecanismo y fruto
- Expliquen Babel como un sistema organizado y trans- histórico en lugar de una historia aislada
- Apliquen el lenguaje del pacto y disciplina canónica de forma independiente
- Se preparen para una síntesis final gobernada estrictamente por las Escrituras

Las afirmaciones deben estar respaldadas por los testigos en las Escrituras asignadas y gobernadas por razonamiento del pacto, no por especulación filosófica ni por sistemas heredados de Yada Yahuah.

## VISIÓN GENERAL DEL MÓDULO

Finalización de El Origen del Mal y Síntesis a Nivel Licenciatura
(Capítulos 13–15)

El Mes 4 completa El Origen del Mal abordando lo que permanece después de que el juicio ya ha ocurrido. El enfoque se desplaza de cómo entró la corrupción a cómo persiste la corrupción, examinando la transformación de la rebelión desde la hibridación física hacia la influencia desencarnada, los sistemas centralizados y el engaño institucional.

Las Semanas 29–31 proporcionan instrucción estructurada y análisis guiado sobre:

- La Corrupción desencarnada después del juicio físico
- Babel como rebelión centralizada y organizada
- El engaño continuo como el arma principal del mal
- Por qué el juicio restringe la corrupción sin borrar el libre albedrío

La Semana 32 funciona como la revisión formal de calificación, donde el estudiante debe demostrar integración coherente de los Términos II · Meses 1–3, gobernada por la síntesis del Mes 4.
Por lo tanto, el Mes 4 evalúa dominio y estabilidad, no memorización.

Continuidad Metodológica — Síntesis y Estándares de Calificación
El Mes 4 continúa la metodología centrada en la Escritura del Término II y la aplica con rigor de nivel de calificación.

Todo el trabajo en las Semanas 29–32 está gobernado por los siguientes principios:
- Las Escrituras Gobiernan las Conclusiones

Todas las afirmaciones deben surgir del testimonio de las Escrituras y de los testigos asignados, no de la tradición, la filosofía ni de Yada Yahuah institucional.

- La Terminología Permanece Fija

Los términos clave establecidos en los Meses 1–3 (mal, corrupción, rebelión, juicio, contención, engaño, hibridación, Nefelinos, Babel) no pueden redefinirse, suavizarse ni fusionarse.

- La Capacidad de actuar Debe Ser Trazada

Los estudiantes deben identificar quién actúa, cómo opera el mal y por qué mecanismo (linaje, espíritus, sistemas, engaño), evitando la abstracción y las generalidades morales.

- El Juicio Se Interpreta como Contención

El juicio se trata consistentemente como restricción medida y preservación de la creación, no como mal moral, crueldad o fracaso divino.

- La Integración Es Requerida

El Mes 4 exige que el estudiante conecte la rebelión celestial, la hibridación, el juicio del Diluvio, los espíritus post-juicio y los sistemas de Babel en un solo marco coherente de las Escrituras.

Estos principios gobiernan todas las tareas instructivas de las Semanas 29–31 y la entrega de calificación de la Semana 32.

## COBERTURA DE CAPÍTULOS

El Origen del Mal — Capítulos 13–16

- Capítulo 13 — Corrupción Desencarnada
- Capítulo 14 — Babel y Rebelión Centralizada
- Capítulo 15 — Engaño Continuo Después del Juicio

## RESULTADOS DEL APRENDIZAJE DEL MÓDULO – TÉRMINO II · MES 4

Al finalizar el Término II · Mes 4, el estudiante deberá ser capaz de:

- Explicar por qué el mal persiste después del juicio físico utilizando categorías en las Escrituras de capacidad de actuar y restricción
- Demostrar el papel de los espíritus nefelinos desencarnados en la corrupción post-Diluvio
- Identificar Babel como rebelión organizada y centralizada desde Berēšhīṯh hasta Apokálypsis
- Trazar el engaño como el mecanismo operativo principal del mal después de la contención
- Aplicar lenguaje del pacto, disciplina canónica y del pacto de manera independiente
- Producir una explicación integrada coherente que preserve el carácter de Yahuah

El dominio se demuestra mediante una síntesis precisa, Terminología disciplinada y Razonamiento del pacto.

El Mes 4 determina la elegibilidad para la Etapa III — Estudios a Nivel Maestría, con calificación formal evaluada únicamente en la Semana 32.

# *TÉRMINO II· MES 4 — SEMANA 29*

# CORRUPCIÓN DESENCARNADA EN LA HISTORIA

De Babel al Imperio: Cuando la Rebelión Pierde Carne pero Gana Poder

## RESULTADOS DEL APRENDIZAJE

Al completar la Semana 29, el estudiante será capaz de:

- Leer el Capítulo 13 como un argumento sobre mecanismos de continuidad, no como un catálogo de acusaciones.
- Hacer la diferencia entre rebelión encarnada y corrupción institucionalizada.
- Evaluar cómo la autoridad, el tiempo y el nombramiento funcionan como instrumentos jurídicos.
- Mantener la responsabilidad del pacto reconociendo la persistencia post-juicio.

## PROPÓSITO DE LA SEMANA 29

El propósito de la Semana 29 es entrenar en la disciplina de interpretación.
El Capítulo 13 no se asigna para convencer, provocar o sensacionalizar.
Se asigna para demostrar cómo la corrupción se adapta después de la restricción, desplazándose de la encarnación visible a la operación sistémica.
La tarea del estudiante es observar el cambio de forma, no litigar cada afirmación histórica.

**Término II – Mes 4 – Semana 29**

**Lectura del Capítulo 13 (El Origen del Mal)**

Al leer el Capítulo 13, el estudiante debe aplicar los siguientes controles:

- No leer como afirmación devocional ni como refutación polémica.
- No aislar afirmaciones individuales de la tesis rectora del capítulo.
- Leer buscando lógica estructural, no agotamiento evidencial.
- Observar cómo se argumenta la continuidad, no si cada ejemplo persuade.

El capítulo funciona como un modelo teórico, no como un archivo de notas históricas.

## EXPLICACIÓN DIDÁCTICA

El Capítulo 13 desarrolla una sola idea controladora:
La corrupción puede persistir sin encarnación reubicándose en sistemas que gobiernan la adoración, el tiempo, el lenguaje y la veracidad.

Por lo tanto, el enfoque instructivo es el mecanismo, no la personalidad:

- El poder migra de los cuerpos a la administración.
- El control se desplaza de la fuerza a la rutina.
- La visibilidad da paso a la normalización.

Se enseña al estudiante a reconocer cómo la autoridad puede portar rebelión sin parecer ilegal.

### Enfoque de Alineación con el Capítulo 13 (El Origen del Mal)

La Semana 29 se alinea con el marco más amplio del libro preservando:

- La Capacidad de actuar: Los humanos siguen siendo participantes responsables.
- La Secuencia: El juicio precede a la continuidad institucional.
- La Asignación: Las estructuras de autoridad transmiten influencia pero no absuelven la elección.

No se introducen nuevas doctrinas; el Capítulo 13 se lee estrictamente dentro de los parámetros establecidos.

## TÉRMINOS CLAVE – SEMANA 29

- Corrupción Desencarnada: Rebelión que opera mediante sistemas en lugar de cuerpos.
- Continuidad Institucional: Persistencia de influencia mediante ley, ritual y autoridad.
- Reconfiguración: Preservación de la función bajo designación alterada.
- Autoridad Calendaría: Gobierno de la adoración mediante el control del tiempo.

# *TAREAS DE ESTUDIO*

*El estudiante debe demostrar discernimiento del pacto abordando:*

- ***Por qué la corrupción se vuelve más difícil de identificar después del juicio.***
- ***Cómo la veracidad institucional puede ocultar el desalineamiento.***
- ***Por qué el control del tiempo y de los ritmos de adoración funciona como formación de lealtad.***
- ***Cómo se preserva la justicia divina cuando la restricción no equivale a erradicación.***

***Las respuestas deben permanecer analíticas y jurídicas.***

## REFLEXIONES FINALES

La Semana 29 establece que la ausencia de espectáculo no es ausencia de poder. Cuando la rebelión se incrusta en la ley, la tradición y la rutina, se vuelve heredada en lugar de impuesta.

El peligro no es el caos – es la normalización.

Por lo tanto, el estudiante debe aprender a leer estructuras, no apariencias.

## REFLEXIÓN FINAL

"El juicio eliminó la carne ilegal; no borró la memoria ilegal."

Esta declaración no es una conclusión para defender.

Es una disciplina de lectura que gobierna cómo se aborda el Capítulo 13, asegurando que la restricción no sea confundida con resolución, y que la continuidad no sea confundida con fracaso divino.

*TÉRMINO II – MES 4 – SEMANA 30*
# BABEL EN APOKÁLYPSIS

Lo Que Comenzó con una Torre Termina con un Trono

## PROPÓSITO DE LA SEMANA 30

La Semana 30 completa el largo arco de rebelión trazado desde Berēšhīṯh hasta Apokálypsis. Babel ya no se aborda como una ciudad antigua, una metáfora o un imperio descartado. El Capítulo 14 establece a Babel como un sistema vivo y acumulativo: la maduración final de la rebelión post-Diluvio.

Lo que comenzó como desafío unificado en una torre se convierte, al final de la era, en un trono global: religioso, político y económico—engaño administrado en lugar de violencia caótica. El pecado definitivo de Babel no es la ignorancia, sino pornía: traición del pacto presentada como autoridad sagrada.

Esta semana entrena al estudiante a reconocer continuidad:

- Una rebelión
- Muchas manifestaciones
- Un juicio final

Babel como un Sistema, no una Ruina

El Capítulo 14 hace explícito lo que las Escrituras han implicado por mucho tiempo: Babel sobrevive por transformación, no por la permanencia de piedra.

En Apokálypsis, Babel:

1. Reina sobre los reyes (Rev 17:18)
2. Intoxica a las naciones (Rev 14:8; 18:3)
3. Acumula culpa de sangre (Rev 17:6; 18:24)
4. Opera mediante farmakía (Rev 18:23)
5. Se convierte en habitación de demonios (Rev 18:2)

Esto revela un cambio decisivo en cómo funciona la rebelión:

- Génesis 11 → desafío humano unificado por proximidad
- Revelación 17–18 → desafío global unificado por administración

Babel ya no necesita una torre. Gobierna mediante ley, adoración, economía y doctrina.

Pornía: El Crimen Definitivo de Babel
El Capítulo 14 insiste en que pornía no es un fallo moral secundario. Es el pecado primario de Babel.

Pornía en Apokálypsis significa:
- Prostitución espiritual
- Traición del pacto
- Idolatría disfrazada de justicia

Babel no persigue la verdad abiertamente al principio. Seduce a las naciones para que crean que la falsa adoración es fidelidad del pacto. Por eso las naciones son descritas como ebrias—su discernimiento está deteriorado, no ausente.
Así:
- La falsa adoración se siente santa
- La idolatría se siente antigua y oficial
- Los sistemas demoníacos se sienten "cristianizados", "normalizados" o "tradicionales"

Esto explica por qué la influencia de Babel es universal. Conquista no por ejércitos, sino por redefinición de la devoción.

Farmakía: Control Mediante Engaño Diseñado
El Capítulo 14 vincula directamente el poder de Babel con la farmakía (Rev 18:23).

La farmakía no se limita al ritual ocultista. En su función de las Escrituras, es:
- Manipulación de la creencia
- Engaño diseñado
- Control de poblaciones mediante intoxicación espiritual & corporal

La farmakía explica cómo:

- Las naciones son engañadas, no meramente desinformadas
- La adoración se vuelve obligatoria
- La verdad es criminalizada
- La culpa de sangre se vuelve sistémica

Los mercaderes de Babel se enriquecen porque el engaño es rentable. La religión se convierte en industria; la doctrina se convierte en herramienta; la conciencia se regula.

Culpa de Sangre y la Necesidad del Juicio

El Capítulo 14 no deja ambigüedad respecto a la culpa de Babel.

En Babel se encuentra:

- La sangre de los profetas
- La sangre de los santos
- La sangre de todos los muertos sobre la Tierra (Rev 18:24)

Este es lenguaje jurídico. Babel no es destruida porque sea antigua, poderosa o influyente. Es destruida porque ha absorbido y preservado todo acto de violencia del pacto desde el principio.

En Apokálypsis 19:2, el juicio es declarado:

"Verdadero y justo."

Esto confirma la tesis central del Término II:

El juicio no es inestabilidad divina.

El juicio es necesidad del pacto cuando la corrupción se vuelve total.

El Fin Refleja el Comienzo

El Capítulo 14 devuelve deliberadamente al lector a Berēšhīṯh.

- Entonces: la corrupción llenó la Tierra → agua
- Ahora: la corrupción llena la Tierra nuevamente → fuego

La causa es la misma:

Rebelión preservada y madurada.

El método difiere porque el sistema ha cambiado:

- Antes se juzgó la carne
- Ahora se juzgan tronos, sistemas y adoración

El patrón es consistente. Solo la escala se ha expandido.

**Integración Didáctica con el Capítulo 14 de (El Origen del Mal)**

La Semana 30 confirma:

- Babel es un sistema transgeneracional
- La rebelión sobrevive al juicio mediante memoria, doctrina y administración
- La pornía es traición del pacto, no exceso moral
- La farmakía es engaño diseñado, no superstición
- El juicio es requerido porque la corrupción se vuelve global, pública y arraigada

Lo que comenzó con una torre Termina con un trono.
Lo que comenzó en una Tierra Termina gobernando todas las Tierras.

## TÉRMINOS CLAVE Y DEFINICIONES (SEMANA 30)

- Babel (Sistema): La estructura acumulativa y transgeneracional de rebelión que sobrevive mediante transformación en lugar de preservar imperio físico. En la Semana 30, Babel se define como un orden global administrado—religioso, político y económico—mediante el cual la traición del pacto se normaliza y se impone.
- Trono (de Babel): La forma madura de la rebelión post-Diluvio en la que el desafío ya no está localizado por proximidad (torre), sino institucionalizado mediante gobierno, adoración, economía y doctrina. El trono representa autoridad centralizada que gobierna por regulación y redefinición en lugar de violencia caótica.
- Administración (de la Rebelión): La gestión organizada del engaño mediante sistemas que gobiernan la creencia, la devoción y el orden social. La administración es el mecanismo por el cual la rebelión se vuelve universal, escalable y duradera—capaz de sobrevivir generaciones y al juicio mediante continuidad de estructura.

- Pornía (πορνεία): Traición del pacto presentada como veracidad sagrada. En Apokálypsis, la pornía es prostitución espiritual—falsa adoración, idolatría y alianza con autoridad ilegítima disfrazadas de justicia—por las cuales las naciones son seducidas a confundir violación con fidelidad.
- Intoxicación Espiritual: La condición en la cual el discernimiento se ve deteriorado mediante exposición sostenida a la devoción redefinida de Babel. La intoxicación espiritual explica por qué las naciones están "ebrias": no carecen totalmente de verdad, sino que quedan incapaces de hacer la diferencia entre obediencia del pacto de corrupción sancionada.
- Farmakía (φαρμακεία): Engaño diseñado utilizado para manipular la creencia y controlar poblaciones mediante adoración regulada y conciencia administrada. En la Semana 30, la farmakía no se limita al ritual ocultista; es la práctica sistémica de control espiritual mediante engaño, coerción y falsedad institucionalizada.
- Culpa de Sangre: Responsabilidad jurídica del pacto acumulada mediante violencia preservada contra los testigos de Yahuah. En la Semana 30, la culpa de sangre es el registro consolidado de persecución hallado "en Babel", incluyendo profetas, santos y fieles del pacto—demostrando que el sistema carga responsabilidad por el derramamiento del pacto acumulado.
- Corrupción Acumulativa: Rebelión preservada y madurada a través del tiempo hasta volverse global, pública y arraigada. La corrupción acumulativa describe el arco desde el desafío en Génesis hasta el sistema del fin de la era, donde la corrupción ya no es episódica sino normalizada y autosostenida.
- Desafío Universal: La etapa final de la rebelión en la que los reyes, naciones, mercaderes y estructuras religiosas están unificados bajo la redefinición de adoración y autoridad de Babel. El desafío universal no es simplemente pecado generalizado, sino oposición del pacto coordinada mediante un sistema compartido.
- Juicio (Necesidad Del pacto): Aplicación de límites requerida cuando la corrupción se vuelve total y públicamente entronizada. En la Semana 30, el juicio no es volatilidad divina; es el acto del pacto necesario que pone fin a un sistema irreversible cuando la rebelión alcanza plena maduración.

# *TAREAS DE ESTUDIO*

*Pausa tu lectura y completa lo siguiente antes de continuar. Involúcrate directamente con el texto de las Escrituras. No resumas opiniones de otros.*

- ***Traza la continuidad de la rebelión desde Babel hasta Apokálypsis***
- ***Distingue el desafío localizado de la traición sistémica administrada***

## PENSAMIENTO FINAL – SEMANA 30

"Lo que la rebelión no pudo preservar por la carne, lo preservó por el sistema."

La caída de Babel no es tragedia—es liberación.

## REFLEXIÓN FINAL

La destrucción del trono es la restauración de la creación.

# *TÉRMINO II· MES 4 — SEMANA 31*

# EL MARCO COMPLETO DE LA CORRUPCIÓN

Desde la Rebelión Celestial hasta la Exterminación Final

## PROPÓSITO DE LA SEMANA 31

La Semana 31 funciona como integración, no como desarrollo.
El Capítulo 15 reúne cada detalle principal establecido a lo largo de El Origen del Mal y los ordena en un solo marco continuo:
origen → violación → hibridación → juicio → restricción → persistencia → eliminación final.
Esta semana corrige el error persistente de Yada Yahuah que coloca la carga de la corrupción del mundo únicamente sobre la humanidad. Las Escrituras, leída en orden cronológico y del pacto, identifica una rebelión inicial distinta, un desarrollo no humano y un sistema preservado de engaño que sobrevive al juicio hasta el final señalado.
El objetivo de la Semana 31 no es la persuasión, sino la coherencia:
Los estudiantes deben ser capaces de trazar el mal sin colapsar categorías, confundir agentes ni atribuir incorrectamente la causa.

## FUNDAMENTOS DE LAS ESCRITURAS REGENTES (CAPÍTULO 15 DE EL ORIGEN DEL MAL)

- Enoc 14:5 — juicio irreversible contra los Vigilantes
- Enoc 21:8–10 — confinamiento permanente, no disciplina temporal
- Enoc 54:6 — juicio final reservado para el día señalado
- Jubileos 5:6, 10 — prisión de los Vigilantes y destrucción de su descendencia
- Mattithyâhû 13:41–42 — eliminación al final de la era de todas las causas de corrupción

Estos textos establecen secuencia, restricción y finalidad sin contradicción.

## EXPLICACIÓN DIDÁCTICA

El Mal No Se Origina en la Humanidad
El Capítulo 15 comienza desmantelando la suposición de que el mal se origina en la naturaleza humana misma.

- La caída en Edén introduce engaño y desobediencia, no corrupción genética.
- La humanidad peca, pero la humanidad aún no está estructuralmente corrompida.
- El mal en esta etapa es moral y por relación, no sistémico ni biológico.
- Esta diferencia es fundamental. Sin ella, todo juicio posterior parece excesivo o injusto.

## LA REBELIÓN DE LOS VIGILANTES COMO ESCALAMIENTO

El descenso de los Vigilantes marca un cambio categórico:

- La violación de límites reemplaza la tentación.
- La hibridación reemplaza la persuasión.
- La corrupción entra en la carne, no solo en el pensamiento.

Los Nefelinos no son humanos violentos; son seres no autorizados, carentes del ruach de Yahuah y contaminando la creación por su sola existencia.

Por esta razón su destrucción es preservativa y no punitiva.

## EL DILUVIO COMO PRESERVACIÓN, NO CONDENACIÓN

El Capítulo 15 aclara con precisión el propósito del Diluvio:

- El juicio cae sobre la carne corrompida, no sobre la humanidad como tal.
- Noach y su casa son preservados porque la integridad permanece.
- El Diluvio elimina cuerpos híbridos pero no borra memoria, conocimiento ni espíritus.

El pacto de Yahuah después del Diluvio confirma restricción, no indulgencia.

## LOS DEMONIOS COMO CORRUPCIÓN REMANENTE

La muerte de los cuerpos Nefelinos produce una nueva condición:

- Espíritus incorpóreos sin descanso
- Parasitarios en vez de creativos
- Influyentes, no soberanos

Los demonios no son seres creados por Yahuah; son residuo.

Esto explica la corrupción post-Diluvio sin requerir un nuevo descenso angelical.

## BABEL COMO ADAPTACIÓN SISTÉMICA

Después del juicio, la rebelión se adapta.

Babel representa:

- La reintroducción de conocimiento prohibido
- La consolidación de poder sin pacto
- Un intento renovado de unificar cielo y Tierra de manera ilícita

La dispersión restringe la consolidación, pero los sistemas sobreviven, transportados a través de linajes mixtos, genealogías, sacerdocios y culturas.

## CONTINUIDAD EN LA AUTORIDAD RELIGIOSA

El Capítulo 15 traza cómo esta corrupción se incrusta:

- En naciones hostiles
- En falsos sacerdocios
- En el liderazgo del Segundo Templo confrontado por Yahusha
- En la religión imperial bajo Roma

La continuidad de Babel es funcional, no étnica:
centralización, falsa adoración, persecución y supresión de la autoridad divina.

## YAHUSHA COMO CONFRONTACIÓN DECISIVA

Yahusha no solo perdona el pecado; Él expone la autoridad arraigada en el linaje.

- Su lenguaje apunta al origen, no solo al comportamiento.
- Su muerte cumple la enemistad antigua.
- Su resurrección asegura la eliminación futura, no la erradicación inmediata.

El conflicto se resuelve legalmente; la ejecución espera el tiempo señalado.

## LA EXTERMINACIÓN FINAL RESERVADA PARA EL FIN

Las Escrituras ubican consistentemente la eliminación total al final de la era:

- Los Vigilantes están atados, no aniquilados
- Los demonios están activos, no reinando
- Babel es juzgada progresivamente, y luego destruida por completo

Esto preserva tanto la justicia como la paciencia dentro del orden del pacto.

**Enfoque de Alineación — Capítulo 15 (El Origen del Mal)**

Al final de la Semana 31, los estudiantes deben retener estas conclusiones:

- El mal se origina en el engaño, no en la creación divina
- La hibridación marca escalamiento, no inevitabilidad
- El juicio restringe la corrupción sin borrar su memoria
- Los demonios son efectos residuales, no poderes gobernantes
- Babel es un sistema recurrente, no una sola ciudad
- La exterminación final es futura, total y justa

## TÉRMINOS CLAVE (SEMANA 31)

- Corrupción Híbrida — contaminación del orden creado mediante unión ilícita
- Mal Remanente — persistencia de la corrupción después del juicio mediante espíritus y sistemas
- Rebelión Sistémica — engaño organizado incrustado en estructuras de autoridad
- Exterminación Final — eliminación completa de la corrupción al final señalado

# *TAREAS DE ESTUDIO*

*Usando solo las Escrituras y el Capítulo 15:*

***• Traza la corrupción desde Edén hasta el presente sin colapsar agentes ni etapas.***

***• Explica por qué el Diluvio preservó a la humanidad en lugar de condenarla.***

***• Demuestra cómo Babel funciona como rebelión sistémica después del juicio.***

***• Explica por qué la exterminación final está reservada para el fin de la era.***

## PENSAMIENTOS FINALES – SEMANA 31

"El Diluvio restringió la corrupción; no borró su memoria."

La historia no se repite porque el juicio haya fallado,

sino porque la rebelión aprendió a sobrevivir sin carne.

El fin no repetirá el comienzo.

Lo Terminará.

## REFLEXIÓN FINAL

"Lo que el juicio restringe en el tiempo, la verdad lo eliminará en la eternidad."

# *TÉRMINO II· MES 4 — REFUERZO OBLIGATORIO*
# (A COMPLETAR ANTES DE LA SEMANA 32)

## PROPÓSITO

Esta sección refuerza el marco doctrinal central del Mes 4.
Si algún principio a continuación permanece poco claro, el estudiante debe regresar a la semana correspondiente antes de proceder a la entrega final.
El Mes 4 aborda la persistencia del mal después del juicio físico, explicando por qué la corrupción continúa a través de espíritus incorpóreos, engaño y sistemas centralizados, culminando en la exposición final de Babel.
Este refuerzo es una revisión obligatoria, no nueva enseñanza.

## LA CORRUPCIÓN CONTINÚA DESPUÉS DEL JUICIO FÍSICO

(Semana 29):

- El Diluvio quitó la carne corrompida, no la memoria, la influencia ni la voluntad de la rebelión
- Los espíritus Nefelinos incorpóreos permanecen activos como espíritus inmundos
- El mal se reubica de la corrupción biológica a la influencia espiritual y sistémica
- El juicio restringe la corrupción sin eliminar la responsabilidad humana

## LA RELIGIÓN IMPERIAL COMO ENGAÑO INSTITUCIONALIZADO

(Semana 30):

- La adoración babilónica persiste bajo formas renombradas y Yada Yahuah alterada
- La religión imperial romana preserva sistemas paganos bajo lenguaje sagrado
- La alteración de nombres, calendario, fiestas y prácticas de adoración incrusta el engaño
- Constantino representa la transición de la corrupción física al control institucional

## BABEL COMO REBELIÓN GLOBAL CENTRALIZADA

(Semana 31):

- Babel es un sistema continuo, no una ruina histórica
- La autoridad centralizada reemplaza a la carne híbrida como el vehículo de la rebelión
- El poder religioso, político y económico se unifica contra Yahuah
- Babel es identificada como la habitación de demonios y la madre del engaño

## EL ENGAÑO EXPLICA LA PERSISTENCIA DEL MAL

(Marco Confirmado Antes de la Semana 32):

- El juicio restringe, pero no reprograma el libre albedrío
- Los Vigilantes están atados; los cuerpos Nefelinos destruidos; los demonios permanecen activos
- El engaño opera a través de doctrina, adoración, sistemas y creencia
- El juicio final está reservado para fuego, no agua

## PRINCIPIO FUNDAMENTAL ACUMULATIVO DEL MES 4

El juicio restringe la corrupción sin eliminar el engaño.
Después del juicio físico, la rebelión persiste a través de linajes mixtos, espíritus incorpóreos, adoración alterada y sistemas centralizados hasta que el juicio final erradique toda corrupción.

# *TÉRMINO II· MES 4 — SEMANA 32*
# CALIFICACIÓN FINAL Y ENTREGA FINAL

Etapa II (Formación a Nivel Licenciatura)

## FUNCIÓN ACADÉMICA DE LA SEMANA 32

La Semana 32 no contiene nuevo material instructivo.
Sirve exclusivamente como el punto formal de calificación que concluye el **Término II — El Origen del Mal.**
Toda instrucción doctrinal está completa al final de la Semana 31.
La Semana 32 evalúa si el estudiante puede integrar, articular y aplicar el marco completo del Término II con disciplina académica y fidelidad De las Escrituras.

## PREPARACIÓN OBLIGATORIA DEL ESTUDIANTE (ANTES DE LA ENTREGA)

Antes de entregar el trabajo final, se espera que el estudiante:

- Reexamine cualquier semana previa donde persista incertidumbre conceptual
- Preserve con precisión las categorías de las Escrituras: juicio, engaño, espíritus, sistemas, capacidad de actuar
- Evite atribuir la persistencia del mal al fracaso divino
- Evite colapsar restricción en erradicación
- Trace la corrupción por capacidad de actuar y fruto, no por suposición o tradición

Esta preparación es dirigida por el estudiante y presupone plena participación en las Semanas 17–31.

## ALINEACIÓN DE EVALUACIÓN – TÉRMINO II · MES 4 (RESUMEN)

La secuencia del Mes 4 establece el marco analítico final
evaluado en la Semana 32:

1. Semana 29 — Corrupción post-Diluvio mediante espíritus incorpóreos
2. Semana 30 — Engaño institucionalizado mediante sistemas imperiales y

religiosos

- Semana 31 — Babel como estructura de rebelión global y centralizada
- Semana 32 — Demostración de que el juicio restringe el mal sin eliminar el engaño

El estudiante debe integrar la capacidad espiritual de actuar, engaño y contención en una sola explicación coherente de las Escrituras que preserve la justicia de Yahuah.

## REQUISITO DE ENTREGA FINAL (OBLIGATORIO)

Trabajo Final a Nivel Licenciatura

- Cantidad de Palabras: 2,000–2,500 palabras
- Entrega: Un solo documento
- Base de Evaluación: Razonamiento de las Escrituras y consistencia metodológica

## PROPÓSITO

Este trabajo es la única evaluación integradora para el Término II. Evalúa la capacidad del estudiante para explicar el origen, mecanismo, persistencia y restricción del mal usando solo las Escrituras, sin marcos filosóficos, denominacionales o especulativos.

## ÁREAS DE ENFOQUE REQUERIDAS

El trabajo debe demostrar dominio de las cinco áreas siguientes:

Origen del Mal

- Rebelión celestial
- Violación de límites
- Diferencia entre corrupción y mal moral

Mecanismo de la Corrupción

- Hibridación
- Nefelinos como una categoría de las Escrituras real

- Conocimiento prohibido

Juicio y Preservación

- El Diluvio como juicio preservativo
- Por qué el perdón por sí solo fue insuficiente

Persistencia Post-Juicio

- Espíritus incorpóreos
- Babel como rebelión organizada
- Engaño continuo

Consecuencias de Yada Yahuah

- Por qué la Yada Yahuah tradicional falla sin los Vigilantes
- Por qué el mal no se origina en Yahuah
- Por qué la eliminación final del mal es orientada al futuro

## ESCRITURAS REQUERIDAS (MÍNIMO)

Los siguientes textos deben integrarse de manera significativa, no solo citados:

- Berēšhīṯh (Génesis) 3:1–6
- Berēšhīṯh (Génesis) 6:1–4
- Berēšhīṯh (Génesis) 6:11–13
- Berēšhīṯh (Génesis) 10:8–12
- Berēšhīṯh (Génesis) 11:1–9
- Debārīm 32:17
- Tehīllīm 106:37–38
- Enoc 6–10 (pasajes seleccionados)
- Enoc 15:8–12
- Mattithyâhû 12:43–45
- Revelation 17–18 (pasajes seleccionados)

## ESTÁNDARES DE ENTREGA

Todas las entregas deben cumplir estrictamente con lo siguiente:

- Las Escrituras gobiernan las conclusiones
- Estructura clara y progreso lógico
- Sin lenguaje devocional o sermón
- Sin sistemas denominacionales o filosóficos
- Sin Yada Yahuah especulativa
- La Terminología debe coincidir con las definiciones establecidas en los Meses 1–3
- Se requiere Razonamiento del pacto

El objetivo es comprensión demostrada, no persuasión.

## NOTA MÍNIMA REQUERIDA – CRITERIOS DE EVALUACIÓN

El Mes 4, Semana 32 evalúa competencia, no participación.

**Desempeño Satisfactorio Incluye:**

- Razonamiento preciso de las Escrituras
- Aplicación fiel del método restaurado de Yada Yahuah
- Diferencia correcta entre mal, corrupción, rebelión y juicio
- Integración coherente del Término II (Meses 1–3)
- Lenguaje del pacto y consistencia doctrinal
- Cumplimiento total de las limitantes: metodológicas

**Desempeño Insatisfactorio Incluye:**

- Reducción filosófica o metafórica
- Contradicción o inconsistencia doctrinal
- Desviación metodológica
- Redefinición de términos establecidos
- Lenguaje vago o impreciso
- Fallo en integrar el marco completo del Término II

**Decisión de Avance**

Al concluir la Semana 32, la facultad emitirá una de las siguientes determinaciones:

- Satisfactorio — Equivalente a Nivel Licenciatura Completado
- Insatisfactorio — Se Requiere Repetición

Solo los estudiantes que reciban Satisfactorio son elegibles para proceder a:

## ETAPA III – ESTUDIOS A NIVEL MAESTRÍA

La falta de entrega del trabajo final resulta en descalificación automática para el avance.

Confirmación del Estado del Programa
Yahuah Institute of Biblical Restoration, Inc.
ETAPA II — FORMACIÓN A NIVEL LICENCIATURA
Estado: Completado tras evaluación satisfactoria

**Las competencias confirmadas incluyen:**

- Doctrina del mal y la corrupción
- Razonamiento canónico y celestial
- Juicio De las Escrituras y preservación
- Doctrina de Nefelinos e hibridación
- Babel y engaño continuo
- Disciplina académica de Yada Yahuah

**Aviso Final a los Estudiantes**

La estructura es intencionalmente explícita:

- El Mes 4 es un mes de calificación
- La Semana 32 contiene la única entrega final
- El trabajo evalúa solo los Meses 1–3
- El uso de las Escrituras es obligatorio, no sugerido

- La desviación metodológica resulta en descalificación
- El avance no es automático

## FIN DEL TÉRMINO II — CALIFICACIÓN A NIVEL LICENCIATURA COMPLETADA

La finalización de la Semana 32 significa el cumplimiento de la Etapa II — Formación a Nivel Licenciatura.

El avance a la Etapa III está sujeto a aprobación formal.

Ningún estudiante puede proceder sin autorización.

## *CONCLUSIÓN — LIBRO 2 → LIBRO 3*
## TRANSICIÓN AL LIBRO MBRS 3 – FUNDAMENTOS A NIVEL DE MAESTRÍA

La segunda etapa de la Maestría en Estudios de Restauración Bíblica ha llevado al estudiante más allá de la autoridad fundacional hacia una formación doctrinal disciplinada.

El mal ha sido definido conforme únicamente a las Escrituras.
La corrupción ha sido rastreada a través de la rebelión y la violación de límites.
El juicio ha sido restaurado a su lugar apropiado como contención y preservación, y no como acusación moral contra Yahuah.
La agencia ha sido esclarecida, el engaño ha sido expuesto y el lenguaje del pacto ha sido refinado.

En este punto, el estudiante ya no se acerca a las Escrituras mediante suposiciones heredadas de Yada Yahuah, especulación filosófica o tradición teológica.
Las categorías han sido restauradas.
La secuencia ha sido establecida.
El orden moral de la creación ha sido realineado con el testimonio de las Escrituras.

Pero la formación doctrinal no es el objetivo final.
Habiendo establecido categorías correctas, agencia y lógica del pacto, el estudiante debe ahora avanzar al estudio fundacional a nivel de maestría — donde la administración celestial, el gobierno del pacto, el orden sacerdotal y las estructuras de restauración son examinadas en profundidad. La siguiente etapa pasa de identificar la corrupción a comprender cómo Yahuah ordena la restauración a través de la historia, el pacto y el reino.
El Libro MBRS 3 realiza así la transición del estudiante desde la formación doctrinal de Nivel Licenciatura hacia la administración fundacional a nivel de maestría — donde el conocimiento restaurado se convierte en gobierno estructurado.

# *GLOSARIO*

Administración: Se refiere al ordenamiento autorizado, la mayordomía y la ejecución de la instrucción divina, llevados a cabo mediante un sacerdocio designado por pacto. La verdadera administración existe para preservar, enseñar y aplicar fielmente la Tôrâh de Yahuah, sin alteración, mezcla ni innovación. La administración se vuelve corrupta únicamente cuando se aparta de la autorización.

Adopción (Escritural): El acto de colocación dentro de un nuevo linaje espiritual mediante transformación, no reclasificación legal de una naturaleza sin cambio.

Ángeles de la Presencia: Seres celestiales asociados con estar delante de Yahuah e involucrados en la transmisión, el testimonio o la declaración de la instrucción divina conforme al testimonio escritural.

Arca del Pacto: Un recipiente sagrado designado para albergar las tablas del testimonio, representando el testigo autorizado del pacto de Yahuah. El Arca servía como punto focal de la presencia divina, la responsabilidad del pacto y la memoria dentro de la adoración e instrucción de Yâshâral.

Autor de las Tablas Terrenales: Yahuah en origen, aunque entregadas por medio de siervos designados. Aunque los humanos puedan transmitir las tablas, la autoría permanece divina.

Autoridad: Derecho delegado para actuar bajo comisión divina, responsable ante el cielo.

Autoridad del Calendario: Se refiere al gobierno de la adoración mediante el control de los tiempos señalados tal como fueron establecidos por Yahuah en la Escritura. El único calendario legítimo y la autoridad sobre el tiempo es el que se origina con Yahuah y está registrado en el testimonio escritural. La humanidad no posee autoridad para alterar, redefinir o legislar el tiempo sagrado. Los intentos humanos de modificar o reemplazar el calendario escritural —ya sea mediante tradición, poder institucional o decreto político— constituyen usurpación, no autorización, y resultan en distorsión de la adoración en lugar de gobierno legítimo.

Autoridad vs. Influencia: La autoridad es el derecho delegado para mandar y gobernar dentro de límites asignados, mientras que la influencia es la capacidad de persuadir sin mandato ni jurisdicción lícitos.

Caminar: La expresión visible del origen restaurado, no un método de transformación.

Cosecha: El momento estructural en el que la coexistencia termina y la distinción se vuelve necesaria.

Conflicto: La confrontación inevitable entre la humanidad portadora de Ruach y la corrupción de solo carne.

Continuidad: Transmisión sostenida de instrucción e identidad.

Continuidad de Significado: La preservación fiel de la doctrina del pacto mediante el lenguaje, en la que los términos clave conservan su significado intencionado a través de generaciones, escritos y administraciones sin contradicción.

Continuidad Doctrinal: La transmisión fiel de la creencia y la instrucción del pacto a lo largo del tiempo sin contradicción, demostrando consistencia del propósito divino a pesar de cambios en administración, contexto histórico o modo de revelación.

Continuidad Sacerdotal: La transmisión continua de autoridad y responsabilidad del pacto de una administración sacerdotal designada a otra, sin interrupción de la instrucción ni del propósito divinos. La continuidad sacerdotal afirma que el orden del pacto de Yahuah se mantiene mediante mayordomía fiel en lugar de ser terminado por el cambio histórico.

Cumplimiento del Pacto: La culminación del propósito del pacto sin cancelación ni sustitución.

Custodio: Persona o grupo encargado de la responsabilidad de guardar, proteger, preservar y transmitir fielmente algo de valor. En este módulo, un custodio se refiere a aquellos designados para administrar Dabar Yahuah sin alteración, adición ni corrupción.

Custodia Sacerdotal: Mayordomía designada por pacto de Dabar Yahuah.

Dabar :(דָּבָר) La Palabra autoritativa, mandato, decreto o instrucción emitida por Yahuah. En este Instituto, Dabar se refiere a la voluntad expresada de Yahuah mediante la cual la creación fue hablada, los mandamientos fueron dados y la verdad es establecida.

Dabar Yahuah: La totalidad de la instrucción autoritativa de Yahuah, incluyendo Sus mandamientos, decretos, testimonios y revelaciones. Dabar Yahuah se origina únicamente con Yahuah y se mantiene como la autoridad suprema sobre la humanidad, Yada Yahuah y la doctrina.

Decálogo: Los diez mandamientos fundacionales entregados en contexto del pacto, representando una expresión central de la instrucción moral y del pacto de Yahuah.

Discernimiento por el Fruto: La evaluación de legitimidad y alineación basada en resultados observables en lugar de autoridad reclamada o intención declarada.

Doctrinas de Hombres: Enseñanzas creadas o reformuladas por autoridad humana que reemplazan, reinterpretan o anulan los mandamientos de Yahuah. Yahusha condena explícitamente tales doctrinas cuando anulan la instrucción divina.

Formación: Modelado de la Tercera Humanidad hacia el propósito mediante renovación interna.

Fruto: El resultado observable que revela origen y naturaleza en lugar de esfuerzo o intención. El buen fruto es la verificación visible de vida de origen del Espíritu alineada con la instrucción de Yahuah, que fluye naturalmente de una naturaleza restaurada. El mal fruto es la manifestación de maldad o naturaleza corrompida, producida por desalineación, engaño o influencia espiritual contraria a la Tôrâh de Yahuah. El fruto funciona como una medida del pacto, exponiendo si una vida, enseñanza, sistema o autoridad procede del Ruach de Yahuah o de un origen corrompido. No crea legitimidad; la revela.

Gracia: El favor inmerecido y la intervención activa de Elohiym que inicia el rescate, sostiene la restauración y capacita la fidelidad del pacto, en lugar de excusar la desobediencia o anular la instrucción.

Guardián: Aquel que defiende y salvaguarda activamente lo que le ha sido confiado. Un guardián no solo preserva la Escritura, sino que también la protege de la distorsión, asegurando que Dabar Yahuah permanezca intacta en enseñanza, transmisión y práctica.

Herencia: Aquello que es recibido legítimamente por asignación o promesa, no tomado por deseo o fuerza. La transmisión de naturaleza y capacidad espiritual mediante linaje. Ocupación del pacto que requiere alineación, no meramente perdón.

Instrucción Internalizada: Ley divina incorporada mediante deseo regenerado.

Juramento: Declaración vinculante que sella la intención y elimina la retirada de la transgresión.

Jurisdicción: La esfera o límite definido dentro del cual la autoridad se ejerce legítimamente y fuera del cual la acción se vuelve transgresora. Autoridad que determina pertenencia, lealtad e identidad.

Justicia: Evaluación correcta de alineación aplicada universalmente, sin excepción ni parcialidad.

Línea Patriarcal: Secuencia preservada que mantiene la alineación del pacto.

Luz: Alineación con el orden, la instrucción y la autoridad del pacto de Yahuah.

Malkîy-Tsedeq: Figura de rey-sacerdote presentada en la Escritura como representante de un orden sacerdotal no basado en descendencia levítica. En este módulo, Malkîy-Tsedeq introduce el concepto de un sacerdocio superior y perdurable, culminando en Yahusha ha Mashiyach como el Sumo Sacerdote del pacto definitivo.

Misericordia: La salvaguarda intencional de Yahuah de Su orden creado y propósito del pacto antes, durante y más allá del juicio.

Nephesh Chayah: Vida carnal y respirante introducida por el mandato de Yahuah.

Nuevo Testamento: El cuerpo de escritos inspirados que documentan la vida, enseñanzas, muerte, resurrección y cumplimiento del pacto por medio de Yahusha ha Mashiyach y Sus emisarios. En el contexto del Instituto, estos escritos no reemplazan la Tôrâh, sino que testifican de su cumplimiento.

Obediencia: Alineación que fluye naturalmente de una naturaleza restaurada.

Pacto Renovado: El cumplimiento del pacto en el cual la instrucción divina existente es reafirmada, internalizada y aplicada correctamente por medio del Mesías, en lugar de ser abolida o reemplazada. El pacto renovado enfatiza la restauración de la obediencia y el entendimiento, no la cancelación de la Tôrâh.

Pentateuco: Los primeros cinco libros tradicionalmente atribuidos a Mosheh, que contienen relatos de la creación, la formación del pacto, la instrucción y los fundamentos legales. En el uso del Instituto, el Pentateuco es parte de un continuo más amplio de Tôrâh, no su origen.

Preparación: Acción divina intencional establecida antes de que la crisis se manifieste.

Preservación: La restricción de Yahuah sobre la corrupción hasta el tiempo señalado. Salvaguarda intencional de la continuidad redentora antes de la confrontación. Sostenimiento de la identidad del pacto mediante disciplina y presencia en medio de la inestabilidad.

Progresión: Movimiento hacia adelante hacia la restauración, no retorno a la inocencia.

Propósito Profético: Conocimiento previo incrustado en la historia para guiar la preservación y el juicio.

Purificación: La remoción de elementos corrompidos para preservar lo que permanece viable dentro de la creación.

Pureza: Estado de alineación preservado textualmente identificable mediante distinción y continuidad.

Qadosh: Apartado por diseño, no logrado mediante recuperación.

Regeneración: Creación de un nuevo origen mediante acción directa del Espíritu.

Resurrección: La restauración de la vida ejecutada divinamente después de la muerte, afirmando que la fidelidad del pacto, la obediencia y la justicia no son anuladas por la mortalidad, sino preservadas para futura renovación y juicio conforme al propósito de Yahuah.

Restricción: La limitación intencional de la acción en obediencia a los límites y prohibiciones dados por Yahuah. Limitación de la corrupción sin eliminación de la agencia. Rechazo a adoptar métodos corruptos incluso al confrontar la oscuridad.

Revelación: La apertura divinamente programada de verdad previamente preservada, dada a conocer conforme al propósito y cumplimiento del pacto y no mediante innovación o alteración.

Revelación Selectiva: El enfoque intencional de Yahuah en aquello que impulsa la redención.

Sacerdocio: El orden designado por pacto apartado para ministrar delante de Yahuah y para enseñar, preservar y administrar Su Tôrâh entre el pueblo. El sacerdocio no es meramente liderazgo religioso, sino un oficio del pacto autorizado con responsabilidades y límites definidos.

Sacerdocio Fiel: Servicio sacerdotal que permanece alineado con la instrucción del pacto mediante obediencia, integridad y fidelidad al mandato divino. Un sacerdocio fiel preserva la autoridad al sostener la Tôrâh, independientemente de administraciones cambiantes o presión histórica.

Sacerdocio Levítico: Sistema del pacto temporal bajo Sinaí.

Salvación (Yāšhaʿ / Sōtēría): El acto del pacto de liberación y restauración llevado a cabo por Yahuah por medio de Yahusha. Yāšhaʿ expresa rescate, liberación y ser llevado a seguridad mediante intervención divina, mientras que Sōtēría enfatiza preservación, rescate y restauración hacia la vida. La salvación rescata a los fieles del juicio y la corrupción y los restaura a posición correcta, identidad del pacto y propósito dentro del pacto establecido por Yahuah, en lugar de ofrecer meramente perdón separado de transformación u obediencia.

Santificación: Ser apartado como santo, completo y perteneciente a Yahuah.

Sometimiento: Alineación con el orden divino, no inferioridad sino colocación correcta bajo el cielo.

Sufridor Justo: Siervo fiel del pacto que permanece obediente en medio de persecución, injusticia o rechazo, cuyo sufrimiento sirve como testimonio y no como descalificación, y es finalmente respondido con vindicación divina.

Tablas Celestiales: El registro celestial en el que los decretos, tiempos señalados y juicios de Yahuah son establecidos y preservados. En este Instituto, las Tablas Celestiales representan la fuente original e incorruptible de la instrucción divina.

Tablas Terrenales: La manifestación física o copia de la instrucción divina entregada a la humanidad. Las Tablas Terrenales sirven como transmisión fiel de lo que es establecido primero en el cielo.

Tanakh (Antiguo Testamento): El cuerpo de escritos inspirados que documenta la creación, el pacto, la instrucción y el testimonio profético previo a la era del pacto renovado. En el contexto del Instituto, estos escritos forman una porción fundamental de Dabar Yahuah.

Templo: Morada del pacto designada donde la presencia, la instrucción y el orden de Yahuah eran administrados mediante servicio sacerdotal. El Templo funcionaba como centro de enseñanza, preservación del testimonio sagrado y vida del pacto regulada, más que como estructura física.

Transiciones del Sacerdocio: El proceso dirigido divinamente mediante el cual los roles sacerdotales del pacto se trasladan de una administración a otra conforme al propósito de Yahuah, culminando en completitud en lugar de disrupción. Tales transiciones preservan la continuidad mientras llevan el orden del pacto a su plenitud intencionada.

Dos Condiciones: La distinción entre obediencia y transgresión bajo la cual todas las acciones y resultados del pacto son evaluados.

Testimonio: Evidencia visible de humanidad restaurada expresada mediante vida llena de luz.

Yada Yahuah: Conocimiento restaurado derivado del orden escritural, la estructura del pacto y la secuencia lícita. El acto del pacto de conocer a Yahuah mediante Su autorrevelación, instrucción y obediencia vivida. No es razonamiento especulativo acerca de Elohiym, sino conocimiento relacional fundamentado en fidelidad, encuentro y sumisión a Su Palabra.

Yahusha: El Nombre hebreo bíblico del Mesías, preservado en la Escritura y compuesto de Yahu y Yāshaʿ. El Nombre Yahusha significa "Yahuah salva". Yahusha ha Mashiyach es reconocido como el cumplimiento y la encarnación perfecta de la Tôrâh de Yahuah y la autoridad suprema que restaura el entendimiento correcto de Dabar Yahuah. Él es presentado como el Sumo Sacerdote final y fiel, ejecutando el cumplimiento del pacto sin abolir ni reemplazar la instrucción divina.

www.ingramcontent.com/pod-product-compliance
Lightning Source LLC
LaVergne TN
LVHW080334110826
845155LV00027B/239

* 9 7 8 1 9 4 6 2 4 9 5 3 1 *